Rheswm a Rhyddid

Cyfrol i gyfarch Yr Athro Howard Williams

Golygydd

E. Gwynn Matthews

Prifysgol Cymru
University of Wales

Adran Athronyddol Cymdeithas
Cyn-fyfyrwyr Prifysgol Cymru

Astudiaethau Athronyddol 8

y Lolfa

Argraffiad cyntaf: 2020

Dymuna'r cyhoeddwyr gydnabod cymorth ariannol
Cyngor Llyfrau Cymru

Cynllun y clawr: Y Lolfa

Rhif Llyfr Rhyngwladol: 978 1 78461 866 7

Cyhoeddwyd ac argraffwyd yng Nghymru
ar bapur o goedwigoedd cynaladwy gan
Y Lolfa Cyf., Talybont, Ceredigion SY24 5HE
gwefan www.ylolfa.com
e-bost ylolfa@ylolfa.com
ffôn 01970 832 304
ffacs 832 782

Cynnwys

Awduron yr Ysgrifau

Cyn ei ymddeoliad bu **E. Gwynn Matthews** yn diwtor mewn athroniaeth yn Adran Efrydiau Allanol Prifysgol Cymru, Bangor. Ei brif ddiddordeb athronyddol yw athroniaeth Hegel a Hegeliaeth ym Mhrydain. Bu'n Ysgrifennydd ac yn Llywydd Adran Athronyddol Urdd y Graddedigion, ac ef yw golygydd 'Astudiaethau Athronyddol'. Ei gyhoeddiad diweddaraf yw *Genefa, Paris a Dinbych ac Ysgrifau Eraill* (2019, Y Lolfa).

Bu **David Sullivan** yn Bennaeth Ysgol Dysgu Gydol Oes ac yn Ddarlithydd Hŷn yn Ysgol Athroniaeth a Chrefydd Prifysgol Bangor. Ar y cyd â Howard Williams a Gwynn Matthews, mae'n gyd-awdur *Francis Fukuyama and the End of History* (Gwasg Prifysgol Cymru, ail argraffiad diwygiedig 2016). Ei lyfr diweddaraf yw *Education, Liberal Democracy and Populism* (Routledge, 2020).

Mae **Huw Lloyd Williams** yn ddarlithydd uwch mewn Athroniaeth ym Mhrifysgol Caerdydd ac yn ddarlithydd cysylltiol gyda'r Coleg Cymraeg Cenedlaethol. Ef yw Deon y Gymraeg yn y Brifysgol. Ei brif ddiddordeb athronyddol yw damcaniaeth weidyddol rhyngwladol a maes cyfiawnder byd-eang. Mae'n cyhoeddi ym maes hanes syniadau yng Nghymru ac mae ganddo golofn athronyddol yn y cyfnodolyn *O'r Pedwar Gwynt*.

Darlithydd dan nawdd y Coleg Cymraeg Cenedlaethol yn adran Athroniaeth Prifysgol Caerdydd yw **Dafydd Huw Rees**. Mae ei waith ymchwil yn canolbwyntio ar athroniaeth wleidyddol a moesol ac athroniaeth crefydd. Mae'n arbenigo ar y traddodiad Almaenig mewn Athroniaeth, gan gynnwys Ysgol Frankfurt, Kant a Hegel.

Mae **Garmon Iago** yn gweithio ym Mhrifysgol Caerdydd yn hybu'r astudiaeth o Athroniaeth drwy gyfrwng y Gymraeg. Graddiodd yn y Gyfraith a derbyniodd radd meistr mewn Astudiaethau Llenyddol ym Mhrifysgol Aberystwyth cyn mynd ymlaen i Brifysgol Caerdydd i astudio ar gyfer doethuriaeth mewn Athroniaeth. Cyflwynodd draethawd ar 'Goleuedigaeth yng ngweithau Adorno a Foucault: tuag at ddealltwriaeth newydd o berthynas eu gweithiau'.

Rhagair

CYFLWYNIR Y GYFROL HON i'r Athro Howard Williams i'w gyfarch ar gyrraedd 'oed yr addewid' gan Adran Athronyddol Cyn-fyfywyr Prifysgol Cymru (Urdd y Graddedigion gynt) fel arwydd o'n hedmygedd o'i gyfraniad sylweddol i astudiaethau athronyddol ac i athonyddu yn y Gymraeg yn arbennig. Mae'n un o Lywyddion Anrhydeddus yr Adran a bu ei gefnogaeth i'n gweithgareddau yn gyson ar hyd y blynyddoedd.

Arbenigodd Howard mewn athroniaeth wleidyddol ac mae'r ysgrifau yn y gyfrol hon yn adlewyrchu'r meysydd y gwnaeth ei gyfraniad pwysicaf iddynt sef syniadaeth Marx, Hegel a Kant. Fe'i cydnabyddir yn rhyngwladol fel awdurdod ar y meddylwyr hyn, yn enwedig felly ar athroniaeth Kant. I nodi hynny, mae'r gyfrol yn cynnwys cyfieithiad o'r Almaeneg gwreiddiol o un o ysgrifau mwyaf arwyddocaol Immanuel Kant gan Dafydd Huw Rees, gyda chymorth Garmon Iago. Mae'r ysgrif hon o eiddo Kant yn allwedd i ddeall a gwerthfawrogi syniadaeth Oes yr Ymoleuad, lle mae'n trafod beth yw goleuedigaeth a phwy sy'n oleuedig. Mae cael y ddogfen bwysig hon yn y Gymraeg i'w groesawu'n fawr. (Mae Howard gyda Huw a Garmon wedi dechrau ar y gwaith o gyfieithu *Cynseiliau Metaffiseg Moesau* Kant, un o glasuron mawr moeseg.)

Awdur cyfoes sydd wedi llwyddo i blethu syniadaeth Kant a Hegel gyda'i gilydd mewn ffordd wreiddiol a dadleuol yw Francis Fukuyama. Mae Howard wedi cyhoeddi gwaith ar ei ddamcaniaethau, ac fe gaiff Fukuyama sylw yn y gyfrol hon. Trafodir hefyd waith athronwyr diweddar eraill; Adorno, Foucault a Rawls, yng ngoleuni syniadaeth Kant.

Ceir yma ysgrif gan Howard ei hun, sef papur ar Marx a ymddangosodd yn wreiddiol yn *Efrydiau Athronyddol*.

Edrychwn ymlaen at gael elwa am flynyddoedd eto ar

weithgarwch a dysg Howard a dymunwn y gorau iddo i'r dyfodol.

Yr ydym yn ddyledus i Brifysgol Cymru a'r Cyngor Llyfrau am y nawdd sydd yn ein galluogi i gyhoeddi'r gyfrol, ac i'r Lolfa am eu gwaith glân ac effeithiol fel cyhoeddwyr.

E. Gwynn Matthews
Sulgwyn, 2020

Yr Athro Howard Williams

GANED HOWARD LLOYD WILLIAMS yn 1950, y trydydd o bum plentyn i Mervin a Joan. Magwyd ef ym mhentref Ffos-y-Ffin yng nghyffiniau Aberaeron, cyn symud lawr y ffordd i Lwyncelyn, lle bu'r teulu'n byw gyferbyn â'r ysgol gynradd lle'r oedd ei dad yn brifathro. Gyda Joan, a oedd yn gofalu am Mervin fel nyrs yn ystod y rhyfel, yn hanu o deulu di-Gymraeg ym mhentref Pontycymer yng Nghwm Garw, prin oedd y Gymraeg ar yr aelwyd, ond roedd hen ddigon ymysg plant y pentref y dyddiau hynny i sicrhau y byddai'r Williamsiaid yn tyfu'n rhugl eu Cymraeg. Byddai'r Howard ifanc hefyd yn meithrin ei hoffter o nofio, gydag ymweliadau cyson â thraeth Cilfach-yr-Halen drwy'r haf, tra bod criced yn un o'i ddiddordebau pennaf, a hynny yng nghyfnod cynnar 'Test Match Special' ar y tonfeddi (a'r dihafal John Arlott yn diddanu'r gynulleidfa). Ymlaen wedyn i'r Ysgol Ramadeg yn Aberaeron am gyfnod o dair blynedd, cyn i'r teulu symud i Waunfawr, Aberystwyth, yn rhannol yn sgil afiechyd Mervin. Gyda'r bechgyn bellach yn Ysgol Ardwyn bu farw eu tad yn annhymig, a bu hynny'n ergyd drom, wrth reswm, i'r teulu cyfan.

Yn 18 mlwydd oed cafodd Howard ei dderbyn i ddarllen Economeg a Gwleidyddiaeth Ryngwladol yn University College, Prifysgol Llundain, a thra'n teithio'r Almaen yr haf hwnnw cyfarfu â menyw ifanc o Gwm, Blaenau Gwent. Bu Jennifer ag yntau yn canlyn yn ystod ei flwyddyn gyntaf yn y Brifysgol, gan briodi yn 1970. Graddiodd Howard yn 1971 a symudodd y pâr priod i Durham, gan gwblhau cwrs meistr ac yna derbyn ysgoloriaeth i astudio ar gyfer doethuriaeth, dan oruchwyliaeth Henry Tudor, awdur *Political Myth* (1972), ac arbenigwr ar hanes meddwl gwleidyddol. Pwnc ei thesis oedd cymharu Marx a Hegel o safbwynt eu beirniadaeth o epistemoleg. Bu'r ymchwil yn sail i nifer o gyhoeddiadau maes o law. Derbyniodd ei swydd gyntaf yng Ngholeg y Brifysgol Bangor yn 1974, gan ymgartrefu'n hapus iawn ym mhentref Llanfairpwll. Bu'n gweithio yn yr Adran Addysg yn arwain ymchwil ar ysgolion gwledig, cyn derbyn swydd fel darlithydd mewn astudiaethau cymdeithasol a gwleidyddol yn yr Adran Efrydiau Allanol. Yn 1979 cafodd ei apwyntio'n ddarlithydd mewn Damcaniaeth Wleidyddol yng Ngholeg Prifysgol Cymru, Aberystwyth, lle mae bellach yn Athro Emeritws.

Cartrefodd y teulu a'r tri o feibion, Ceri, Wyn a Huw, ym mhentref Dole, nid nepell o Borth, lle maged ei dad. Cyhoeddwyd ei lyfr cyntaf, *Marx,* yn 1980, a hynny yn y Gymraeg yn y gyfres adnabyddus *Y Meddwl Modern* gan Wasg Gee. Yn 1983, cyhoeddodd y llyfr a fyddai'n ei sefydlu fel enw rhyngwladol sef *Kant's Political Theory,* cyfrol fyddai'n cael dylanwad ddofn ar yr astudiaeth o'r athronydd hwnnw. Ysgrifennodd a golygodd sawl llyfr arall, tri ym maes Damcaniaeth Wleidyddol a Chysylltiadau Rhyngwladol, *Concepts of Ideology* (1988), *Hegel, Heraclitus and Marx's Dialectic* (1989), yn ogystal â llyfr ar y cyd gyda David Sullivan a Gwynn Matthews, *Francis Fukuyama and the End of History* (a gafodd ei ailargraffu gan Gwasg Prifysgol Cymru yn 2016) a chyfrol ar ailuno'r Almaen, *Political Thought and German*

Reunification (1999) gyda Colin Wight, a'i gyfaill hoff, Norbert Kapferer. Parhau yn ogystal fyddai ei ddiddordeb a'i ddylanwad ar astudiaeth Kant, gyda'r casgliad *Essays on Kant's Political Philosophy* (1992), a'r monograffau *Kant's Critique of Hobbes* (2003) a *Kant and the End of War* (2012).

Y tu hwnt i'r ysgrifennu academaidd, roedd yn athro poblogaidd gyda myfyrwyr o'r flwyddyn gyntaf hyd at lefel meistr, a chyfrannai at weithgareddau oddi fewn a thu allan i'r Brifysgol. Dysgai yn y Gymraeg, a chefnogai'r achos yn yr Adran Gwleidyddiaeth, ac yna yn yr Adran Gwleidyddiaeth Ryngwladol. Bu'n cyfrannu colofn i'r *Faner* rhwng 1977 ac 1981. Dros y blynyddoedd y mae wedi cyfrannu at yr *Efrydiau Athronyddol* yn ogystal â'r gyfres hon, ac erbyn hyn y mae'n Llywydd Anrhydeddus i Adran Athronyddol Cymdeithas Cyn-fyfyrwyr Prifysgol Cymru. Bu'n aelod gweithgar o'i Undeb, yn aelod o Bwyllgor Rheoli'r Blaid Lafur yng Nghymru, ac ymysg ei gasgliad helaeth o deis, mae yna un o werth neilltuol, sef rhodd a dderbyniodd gan Undeb Genedlaethol y Glowyr i ddiolch am ei waith trefnu yn ystod y streic. Gwasanaethodd yn ogystal fel Deon y Gyfadran Economeg ac Astudiaethau Cymdeithasol ar ddiwedd yr 1980au. Cafodd ei ddyrchafu'n Uwch Ddarlithydd yn 1988, yn Ddarllenydd yn 1989, gan dderbyn cadair bersonol yn 1992. Erbyn hyn y mae'n aelod o'r Coleg Cymraeg Cenedlaethol, ac wedi'i ymddeoliad o Aberystwyth, cafodd ei apwyntio'n Athro Hybarch Anrhydeddus gan Brifysgol Caerdydd. Yn ôl y dyfarniad o blaid y penodiad hwnnw:

> Yn ystod ei gyfnod fel athro ym Mhrifysgol Aberystwyth, fe adeiladodd ei enw da fel yr ymchwilydd Kantaidd blaenllaw yn y byd Anglofon. Mae wedi bod yn gymrodor ymweld mewn sawl prifysgol fawr eu bri yn yr Unol Daleithiau a'r cyfandir. Efe yw golygydd y *Kantian Review*, ac y mae wedi cynnig arweinyddiaeth academaidd mewn damcaniaeth wleidyddol ar y lefel uchaf un yn

y maes. Yn ogystal, y mae wedi bod yn hyrwyddwr blaenllaw o'r Gymraeg trwy ei addysgu yn y maes yng Nghymru.

Y mae'r gwaith yn parhau; ar hyn o bryd y mae'n paratoi ei lyfr diweddaraf, sef gwaith ar y gwaddol Kantaidd yng nghyfres Paul Guyer, gyda Gwasg Prifysgol Rhydychen, ac yn gweithio ar y cyd gyda Garmon Iago a Dafydd Huw Rees i gyfieithu gweithiau pellach gan Kant i'r Gymraeg. Bellach mae'n byw yng Nghaerdydd ac mae hefyd yn cael mwynhau cwmni y tri mab, tra bod ei ŵyr a'i wyresau, Oisin, Aoife, Melangell a Morfudd, yn sicrhau nad yw'n segur.

Dehongli Marx

Howard Williams

CEIR DWY RAN I'R dehongliad o waith Marx y mae arnaf eisiau
ei gynnig yma. Edrychaf yn gyntaf ar rai o safbwyntiau
Marx yn ei waith cynnar i geisio taflu mwy o oleuni ar natur
ei bwrpas a'i orchwyl. Dadleuaf yn y fan hyn i ryw raddau yn
erbyn y llif, gan fod y mwyafrif o ddehongliadau diweddar, yn fy
marn i, yn canolbwyntio ar y syniadau anghywir. Edrychaf, yn ail,
ar athroniaeth wleidyddol Marx yn ei aeddfedrwydd gan ddilyn
yn fwy ffyddlon y tueddiadau diweddar mewn ysgolheictod
Marcsaidd. Gwelir bod sawl newid cyfeiriad sylfaenol wedi
digwydd yn ein gwerthfawrogiad o waith Marx – ymhlith
ysgolheigion Marcsaidd ac anfarcsaidd fel ei gilydd – sydd yn
arwydd nid o anghysondeb Marx a diffrwythder yr ymdrech i'w
ddeall, ond sydd yn hytrach yn arwydd o'i feddwl treiddgar a'i
gyfraniad allweddol i athroniaeth ein hoes.

Dylid ystyried o ddifrif syniadau Marx. Y mae'r ymryson
gwleidyddol a fu erioed yn gysylltiedig â'i enw yn gorfodi'r sawl
a ddymuna bwyso a mesur ei waith yn oddrychol i'w astudio yn
fanwl a'i ddehongli ei hun. Yna, gan fod Marx yn llunio ei waith
mewn arddull fanwl ysgolheigaidd y mae'n orfodol ar yr efrydydd
i ddilyn ei ddadleuon yn ofalus. Ar ben hyn, fel yng ngwaith
unrhyw athronydd arall o bwys, ceir ambell ddarn a brawddeg
amheus neu amwys sydd yn rhaid eu dadansoddi a'u dehongli o
fewn fframwaith y meddyliwr yn gyffredinol. O ganlyniad y mae
unrhyw ddarlleniad o Marx yn barod yn ddehongliad ohono. Yn
wir, byddaf mor hy â dweud nad oes ar gael i ni ond dehongliadau
o waith Marx: dehongliadau sylwebyddion eraill ar ei feddyliau

a'n dehongliadau ni wrth ddarllen ei waith. O'r safbwynt hwn ymddengys y cwestiwn ffasiynol hwnnw, pa un yw'r gwir Marx – y Marx ifanc neu'r Marx hŷn? – yn gwestiwn afraid. Ceir cymaint o ddehongliadau o Marx ag sydd o broblemau y mae'n ymhél â hwy.

I: Ontoleg Marx

Heb amheuaeth, yr hyn roddwyd y mwyaf o sylw iddo yng ngwaith y Marx ifanc yw'r syniad o ymddieithrio dyn (Entfremdung). Dyma werthfawrogiad Marx o gyflwr dyn (a'r gweithiwr yn fwyaf arbennig) o dan y gyfundrefn gyfalafol. Ym marn Marx, cyll bywyd y gweithiwr ei wir ystyr o dan y gyfundrefn hon. Daw ystyr ac urddas i fywyd dyn, ym marn Marx, yn bennaf drwy lafur. Trwy lafur daw dyn yn raddol i feistroli natur ac i roi iddo'i hun fywyd cymdeithasol a diwylliedig. Ond nid yw gwir arwyddocâd llafur yn cael ei sylweddoli o fewn y gymdeithas gyfalafol gan nad yw gwaith o dan reolaeth y llafurwr unigol, nac ychwaith y moddion cynhyrchu. Y cyfalafwr sydd yn hytrach yn berchen arnynt a thrwy hynny daw i reoli cynhyrchu'r gweithiwr a'i gynnyrch. Gwertha'r cyfalafwr hwn y cynnyrch i gael elw, fel nad ydyw cynhyrchu'n ymddangos yn ddiben ynddo'i hun. Yn gwbl naturiol yr unig ddiben a wêl y gweithiwr yn ei waith yw ennill cyflog. O ganlyniad fe ddinistria cyfalafiaeth, yn ôl Marx, gymhellion creadigol y gweithiwr. Nid yw gwaith o dan reolaeth y farchnad i'r mwyafrif yn grefftwaith creadigol (ac yn llawn diddordeb) ond yn hytrach yn waith undonog a pheirianyddol.

Rhoddwyd sylw i'r syniadau hyn ynglŷn ag ymddieithrio mewn nifer fawr o astudiaethau ar Marx. Ysgrifennwyd sawl llyfr ar y pwnc[1] ond heb ystyried gwir bwysigrwydd y pwynt o fewn fframwaith helaethach athroniaeth Marx. O'r safbwynt hanesyddol nid yw'r pwyslais ar ymddieithrio yn gwbl gywir ychwaith oherwydd nid yw'r syniad ond yn cynrychioli rhan o'r hyn y mae Marx yn ymddiddori ynddo yn ei waith cynnar. Yn fy marn i, cwestiwn sylfaenol sydd yn poeni Marx yn ei waith cynnar yw'r cwestiwn o natur bodolaeth. Gwelir y diddordeb hwn mewn ontoleg yn dod i'r amlwg yn bennaf oll yn y *Llawysgrifau* enwog a ysgrifennwyd ym Mharis yn 1844.

Y mae'n swnio'n od i ddweud bod meddyliwr fel Marx a oedd, yn arwynebol beth bynnag, mor wrthwynebol i fetaffiseg yn ymddiddori cymaint mewn cwestiynau a wrthodwyd gan hyd yn oed Kant fel cwestiynau na ellir eu trin o fewn fframwaith rheswm pur. Ond y ffaith amdani yw mai'r hyn a ddenodd sylw Marx wrth osod seiliau ei athrawiaeth oedd hanfodion profiad. Yn y traethawd ar ddilechdid sydd yn ymddangos yn olaf yn y *Llawysgrifau* y mae Marx yn ymrafael â'r cwestiwn clasurol hwnnw, pa beth a ddaw yn gyntaf mewn profiad ai mater ynteu ysbryd (meddwl), ai'r byd corfforol ynteu'r byd meddyliol sydd â'r flaenoriaeth? Gwrthoda Marx yn bendant yr ail athrawiaeth idealaidd, ond er hynny nid yw'n derbyn yn ddiamod yr athrawiaeth gyntaf faterolaidd.

Casglodd rhai o'r dyfyniad enwog hwnnw o'r gosodiad ar Feuerbach sef, 'Ni wnaeth yr athronwyr ddim ond dehongli'r byd mewn gwahanol ffyrdd; y mae popeth yn dibynnu ar ei newid',[2] fod Marx wedi cilio oddi wrth athroniaeth fel pwnc marw. Ond, i'm tyb i, nid yw hwn yn ddehongliad cywir o'r hyn y mae Marx yn ei ddweud yn ei osodiadau enwog. Nid oes fawr o sôn bod Marx yn anwybyddu athroniaeth yng ngweddill ei waith. Rhydd iddi, yn hytrach, le pwysig oherwydd ei bwrpas yn ei osodiad ar Feuerbach yw nid taflu i'r naill ochr athroniaeth ond i ddwyn athroniaeth i galon ymdrechion a buddiannau dyn. O'r safbwynt hwn, felly, nid yw'n annisgwyl i weld Marx yn ei *Lawysgrifau Paris* yn canolbwyntio ar bwnc sylfaenol athroniaeth, ontoleg.

Fel yr awgryma teitl un o'r ychydig lyfrau sydd yn delio â'r pwnc hwn, *Marx's Social Ontology* gan Carol Gould, un o brif nodweddion ontoleg Marx yw'r pwyslais a rydd ar gyfathrach dynol a chymdeithas fel sail unrhyw ontoleg.[3] Y mae'r pwyslais hwn, wrth gwrs, yn mynd yn gwbl groes i draddodiad ontoleg yn athroniaeth y Gorllewin. Pan roddodd yr athronwyr Cyn-Socrataidd hynny sylw yn gyntaf i'r maes hwn, athronwyr fel Thales, Anaximander, Parmenides a Heracleitos, eu hateb hwy i'r broblem o ddirnad gwraidd bodolaeth oedd enwi elfennau syml fel dŵr, awyr a thân. Fe fyddai Marx yn gwbl barod i gydnabod pwysigrwydd elfennau diriaethol fel hyn i fodolaeth ond ni fyddai'n eu gweld fel sylfaen boddhaol i theori o fodolaeth. Y mae'n rhaid cael yr elfennau diriaethol hyn o fewn cyd-destun dynol iddynt fod yn rhan o ontoleg cywir.

O ganlyniad i'r ffaith na allai weld elfennau materol ar eu pennau eu hunain fel gwraidd bodolaeth nid yw Marx yn rhannu'r un ontoleg â'i gyn-faterolwyr o Ffrainc fel Diderot, Helvetius, da la Mettrie ac ati. Nid mater ar ei ben ei hun, fel y tybiai'r athronwyr hyn, oedd sylfaen holl fodolaeth. Ym marn Marx, ni ellir cyfeirio at unrhyw fodolaeth yn yr ystyr fwyaf eang o'r gair heb ystyried llaw dyn, neu ddynoliaeth yn gyffredinol, yn y fodolaeth honno. Yr oedd Marx yn barod, ar y naill law, i gydnabod gwrthrychedd bodolaeth, hynny yw, mai byd allanol, naturiol, dihitio i werthoedd dyn a'n hwynebai ni ond mynnai, ar y llaw arall, na fuasai yna fodolaeth i sôn amdani oni bai am ymwybyddiaeth dyn ohoni. Yn sicr nid ymwybyddiaeth dyn a esgorodd ar fodolaeth, ond er hynny y mae'n rhan annatod ohoni.

Cwyd pob math o oblygiadau o'r gosodiad hwn. Ond un casgliad sydd yn rhaid ei osgoi o'r cychwyn yw mai idealydd yw Marx. Ni chred Marx fel Hegel mai ysbryd (neu feddwl) sydd wrth wraidd popeth. Ei gred ef yw mai bywyd ymarferol dyn yw conglfaen bodolaeth. Ond er na ellir casglu mai idealydd yw Marx, y mae'n rhaid cydnabod iddo gyd-fynd â rhai o brif ddaliadau ei ragflaenwyr athronyddol; Kant a Hegel. Effeithir ar ontoleg Marx yn ddwys gan y Chwyldro Copernicaidd hwnnw a grëwyd gan Kant mewn athroniaeth ar ddiwedd y ddeunawfed ganrif. Fe ddengys Kant, yn llwyr llwyddiannus yn fy marn i, fod ein gwybodaeth yn gymysgedd o'r hyn a roddir inni gan ein synhwyrau, neu'n cyneddfau allanol, a'r hyn a roddir inni gan ein cyneddfau mewnol, megis ein deall a'n rheswm. Yn rhy hir, ym marn Kant, yr oedd athronwyr wedi dechrau o'r rhagdyb mai yn y byd allanol y ceir canolbwynt gwybodaeth. Awgryma ef, yn hytrach, y dylid ymchwilio galluoedd meddyliol dyn i ddarganfod ai yno efallai yr oedd gwir ganolbwynt gwybodaeth. O ganlyniad ceisiodd Kant ddangos yn ei *Feirniadaeth ar Reswm Pur* fod y byd gwrthrychol a adwaenwn ni mewn gwyddoniaeth a'n bywyd pob dydd yn deillio yn rhannol o waith categoreiddio yr ymwybod dynol. Ceisiodd Kant, er enghraifft, ddangos nad math o fodolaeth ddiriaethol y tu hwnt i brofiad dyn mo amser a lle ond eu bod, yn hytrach, yn rhan gynhenid o alluoedd meddyliol dyn. Oni bai am y ddau amgyffrediad hyn a ddeillia yn ymwybyddiaeth dyn ni fuasai byd diriaethol i'w ddirnad. Felly, yn ôl Kant yr oedd gan ymwybyddiaeth ran allweddol yn y broses o greu ein profiad allanol.

Felly, er nad oedd Kant eisiau anwybyddu pwysigrwydd yr allanol yn ein profiad, ef yn anad neb oedd yn gyfrifol am ddangos goddrychedd bodolaeth i athronwyr yn oes Marx. Nid oedd Kant (fel yr oedd Hegel) yn amau gwraidd a sylfaen materol profiad dyn, ond er hynny ef oedd y cyntaf i brofi'n foddhaol mai (bob tro) profiad a luniwyd gan ein hymwybyddiaeth ni ydyw. Cytuna Marx ar y pwyslais hwn ar oddrychedd mewn ontoleg. Y mae'r un weledigaeth i'w chanfod yn athroniaeth Wittgenstein. Myn Wittgenstein nad cwestiynau rhesymol mo rheini sydd yn ymholi am brofiad y tu hwnt i'r hyn a gynhwysir mewn iaith. Ym marn Wittgenstein yr unig fodolaeth y gellir sôn yn rhesymol amdani yw'r fodolaeth oddrychol honno weuir gan iaith dyn.[4] Kant sylweddolodd yn gyntaf wirionedd y gosodiad na cheir byd y gellir ei ddisgrifio y hwnt i brofiad dyn.

Â Marx gam ymhellach na Kant yn ei athroniaeth i fynnu

nid yn unig mai goddrychol yw gwybodaeth dynol bob tro, ond hefyd bod elfen gymdeithasol ynddi. Llunia dyn ei syniadau ond mewn cyd-destun cymdeithasol gan mai cyfrwng i gyfathrachu ydynt yn sylfaenol. Y mae'n bywyd goddrychol ni, felly, yn ei hanfod yn fyd cymdeithasol. Felly, gellir trafod byd gweithredol, dynol a chymdeithasol yn unig. O ganlyniad gwrthoda Marx o'r cychwyn unrhyw amgyffrediad o fyd neu o fodolaeth oruwchnaturiol. Dywed petai'r math o fodolaeth yn bod buasai'n rhaid iddi fod yr unig fath o fodolaeth yn y bydysawd. Medd ef yn ei *Lawysgrifau Paris:* 'Dychmygwch fodolaeth nad yw naill ai ei hun yn wrthrych nag ychwaith a gwrthrych yn perthyn iddi. Fe fyddai bodolaeth o'r fath yn gyntaf yr unig fodolaeth, ni fyddai unrhyw fodolaeth yn bod heblaw amdani hi, fe fyddai'n bod ar ei phen ei hun ac yn gwbl unig.'[5] Yn ôl Marx y mae syniad o fodolaeth oruwchnaturiol (fel Duw) yn rhagdybio nad oes neb yn adnabod y bod hwnnw fel bodolaeth wrthrychol naturiol. Ac yn wir, y mae'n rhan o'r ddysgeidiaeth Gristnogol na ellir dod i gyffyrddiad â Duw yn gorfforol. Ni welodd yr un Cristion Dduw, dirgelwch llwyr yw ei natur. Yn wir, i'r dyn meidrol bodolaeth heb briodoleddau diriaethol a materol ydyw. Ym marn Marx, felly, nid yw Duw yn bodoli o gwbl, oherwydd fe berthyn i fodolaeth ei hysbysrwydd a'i hamlygrwydd i drydydd person. Ond fel mater o egwyddor nid yw'r cysylltiad rhwng dyn a'i Dduw yn hysbys ac yn wybyddus i drydydd person. Ni yw Duw yn ei ymgorffori ei hun yn uniongyrchol.

Cwyd o'r feirniadaeth hon ar ffydd y Cristion agwedd bwysig arall ar ontoleg Marx, sef mai ontoleg naturiol ydyw. Gan mai bodolaeth ddynol, gymdeithasol sydd o dan sylw pob tro, y mae'n rhaid cydnabod mai bodolaeth naturiol feidrol yw honno. Tybia Marx, yn wir, fod dyn 'yn uniongyrchol yn fodolaeth naturiol'.[6] Ceir dwy agwedd i'r fodolaeth naturiol hon, yn gyntaf, agwedd gadarnhaol, weithredol ac, yn ail, agwedd negyddol, oddefol. Perthyn i ddyn, yn ôl Marx, reddfau a chymhellion a lywia ei weithrediadau yn y byd, ond fe berthyn i ddyn hefyd ei wendidau a'i ddiffygion o ganlyniad i'r ffaith mai bodolaeth feidrol sydd iddo. Bod dioddefol yw dyn, hynny yw, y mae'n fath ar fodolaeth sydd yn gorfod goddef poen. Y mae'r gair Almaeneg a ddefnyddia Marx yn egluro'r syniad hwn o ddiddordeb yma. Fe ddefnyddia'r gair *leiden* a olyga nid yn unig dioddef ond hefyd goddef. Pwysleisia Marx, felly, bod dyn o'r un safbwynt yn gorfod derbyn y byd (neu'r bydysawd) y mae'n byw ynddo gan fod yn ddarostyngedig i'w natur ei hun a natur yn gyffredinol. Ond yn gwrthweithio'r agwedd oddefol hon ar ddyn mae ei agwedd weithredol ac ymarferol a all wrthsefyll dylanwad ei reddfau arno a rhai o gyfyngiadau natur. Y mae bodolaeth i Marx nid yn unig fel y gwelai'r materolydd traddodiadol hi – yn fodolaeth ffeithiol, ddigyfaddawd – ond hefyd yn fodolaeth ag amcanion, egwyddorion a gweithredoedd yn perthyn iddi. Ceisia Marx gyfuno'r syniad traddodiadol materolaidd o'r byd a'r syniad idealaidd a welir yn athroniaeth Hegel, Fichte a Kant, fel y dengys y gosodiad cyntaf enwog ar Feuerbach. Trwy gyfuno'r ddau gobeithia ddod dros brif wendidau'r ddau safbwynt:

> Prif wendid holl fateroliaeth hyd yn hyn (a chynnwys materoliaeth Feuerbach) yw nad yw'r gwrthrych, realiti, synhwyredd (Sinnlichkeit) ond wedi'i ystyried mewn ffurf peth neu mewn ffurf o sythwelediad, nid fel gweithredu dynol, synhwyrus, nid yn oddrychol. O ganlyniad datblygwyd yr ochr weithredol – yn haniaethol mewn gwrthgyferbyniad i fateroliaeth – gan idealaeth, yn naturiol nad adwaen wir weithredu synhwyrus.[7]

I grynhoi, y mae'n rhaid, yn ôl Marx, gweld bodolaeth fel bodolaeth ddynol, gymdeithasol ac, yn bennaf oll, fel bodolaeth ymarferol.

Daw Marx i'r casgliad mai bodolaeth ymarferol yw hi oherwydd y pwyslais a rydd ar *anghenion*. Bod anghenus yw dyn. Rhaid iddo nid yn unig gael bwyd a dillad bob dydd i fyw ond hefyd gyfathrachu â'i gyd-ddyn i wireddu ei bersonoliaeth. Nid yw'r person heb gysylltiadau cymdeithasol yn berson yng ngwir ystyr y gair. Prawf o fodolaeth naturiol, gymdeithasol dyn yw'r anghenion a berthyn iddo. Y mae'r ffaith y gall dyn ddioddef o newyn, neu o'r oerfel, neu o unigedd, neu o salwch yn dangos gwrthrychedd a naturioldeb ei fywyd. Y mae'r gallu hwn i ddioddef yn brawf o'r agwedd bwysicaf o unrhyw fodolaeth, sef bod y fodolaeth honno yn wrthrych i fod diriaethol arall. Ni all neb dystio i'r fodolaeth honno nas gwelwyd, nas clywyd, nas cyffyrddwyd â hi gan unrhyw fodolaeth arall. Ond fe allwn i gyd dystio i fodolaeth a ddioddefodd o newyn, o afiechydon neu o fod ar wahân. Ni cheir bwyd i'w fwyta, nac afiechydon i'w dioddef, na sŵn i'w glywed oni bai y ceir bodolaeth i'w profi felly. Y mae'r ymwybod goddrychol yr un mor angenrheidiol â'r allanfyd diriaethol i'n profiad.

Cwyd ontoleg Marx pob math o broblemau ynglŷn â'i syniad o wybodaeth. Nid yw Marx yn anymwybodol o hyn. Ymdrinia â'r broblem o wybodaeth ar yr un adeg ag y datblyga'i ontoleg. Y mae casgliadau Marx ar wybodaeth yn ei weithiau cynnar yn torri yn syth ar draws casgliadau traddodiadol athroniaeth am wybodaeth. Nid yw Marx, fel y gwna Descartes, Locke a Hume, yn amau o gwbl y posibilrwydd o wybodaeth wrthrychol o'r byd. Y prif reswm am hyn yw bod Marx o'r farn fod pob agwedd ar brofiad dyn yn ei natur yn wrthrychol. Y mae, wrth gwrs, yn wir y gall dyn ddychmygu byd neu agweddau ar ei brofiad nad ydynt yn bod; y mae'n wir hefyd y gall dyn yn fwriadol gamarwain ei wrandawyr neu'i ddarllenwyr ynglŷn â'i brofiad. Ond, ym marn Marx, ni all neb amau gwrthrychedd y profiadau hyn. Y mae yna eglurhad gwrthrychol ar hyd yn oed y math o fyd a ddychmyga'r unigolyn. Ceir rhesymau arbennig am y ffordd y dychmygir y byd gan unigolyn, yn yr un modd ag y ceir eglurhad gwrthrychol am hyd yn oed y ffordd y gwêl y gwallgofddyn anffodus y byd. Nid yw Marx yn barod, felly, i amau gwrthrychedd unrhyw brofiad dynol. Y mae ein meddyliau ni bob tro yn cyfateb â rhyw wrthrych neu ddigwyddiad yn ein profiad.

Yr oedd y broblem o wrthrychedd profiad dyn yn broblem enbyd i ragflaenwyr athronyddol Marx fel Descartes, Locke a Hume. Ym marn Descartes, er enghraifft, yr oedd yn bosibl i amau pob agwedd ar brofiad dyn heblaw y ffaith bod yr unigolyn ei hun yn bod. Casglodd Descartes o'r ymwybyddiaeth ddiamheuol sydd gan yr unigolyn o'i feddwl ei hun fod yr unigolyn ei hun yn bod: *Cogito ergo sum*. Ond yn ei farn ef nid oedd yr un sicrwydd ynglŷn ag unrhyw brofiad arall, yn enwedig ein profiad ni o bethau allanol, y tu hwnt i'n hymwybod. Yn nhyb Descartes, yr oedd yn rhaid dibynnu ar Dduw i dderbyn y sicrwydd mai'r hyn a brofwn yn ein synhwyrau am y byd diriaethol yw'r hyn sydd yn wironeddol yn bod. Ni lwyddodd Locke a Hume i ddileu'r ansicrwydd hwn yn eu hathroniaeth empeiraidd hwy. I'r ddau athronydd yr oedd y byd y tu allan i'n hymwybod personol yn fyd na ellir ei gyrraedd yn uniongyrchol. Yn eu barn hwy, safai'n synhwyrau goddrychol, camarweiniol rhwng ein hymwybod a gwybodaeth glir a sicr o wrthrychau'r profiad. Canlyniad y math o feddwl uniongred empeiraidd hwn oedd casgliadau llwyr sgeptig David Hume am wyddoniaeth. Yn ei farn ef, am nad oedd hi'n bosibl i brofi (trwy gyfrwng ein synhwyrau) y cysylltiad achosol rhwng digwyddiadau yn y byd allanol, ni ellid dyfarnu ag unrhyw sicrwydd bod unrhyw un o'r deddfau hynny a ddarganfuwyd gan wyddonwyr am y byd naturiol yn wir.

Gwendid allweddol y math hwn o ddadansoddi, ym marn Marx, yw ei fod yn dibynnu ar syniad o brofiad nad ydyw'n dal dŵr. Gwêl y rheini a arddela'r ontoleg empeiraidd hwn rwyg mawr rhwng bodolaeth dyn a bodolaeth yn gyffredinol. Yn fyr, fe arddela'r athronwyr hyn amgyffrediad deuol o'r byd. Sail y rhwyg hwn yw'r rhwyg confensiynol hwnnw a welir yng nghyfansoddiad dyn rhwng ei alluoedd corfforol a'i alluoedd ysbrydol. Ond, yn ôl Marx, galluoedd corfforol yw'r galluoedd ysbrydol hynny a briodolir i ddyn. Y mae meddwl dyn (doed a ddelo) ynghlwm wrth ei gorff ac o ganlyniad, fe ddengys galluoedd corfforol dyn yn ddi-ffael ôl ei alluoedd meddyliol. Nid gallu y tu hwnt i gyfansoddiad dyn yw'r gallu i feddwl, yn hytrach, un o'i alluoedd corfforol ydyw. I Marx un yw dyn yn ei gyfansoddiad, ac un yw ei *fyd,* a hynny yw'r unig fodolaeth y gellir sôn yn synhwyrol amdani, sef byd ymarferol ac ysbrydol dyn.

Os taw un yw byd dyn, felly nid yw'r rhwyg yn codi rhwng profiad mewnol ac allanol dyn. Y mae pob profiad ar yr un pryd yn fewnol ac yn allanol. Nid oes angen amau, felly, (fel y gwnâi Locke) a yw'r gwagle fel y profwn ef gyda'r llygad noeth neu'r telesgop yn bodoli'n wirioneddol fel y mae'n ymddangos inni. Am mai bodau naturiol, gwrthrychol ydym fe ymddengys y byd inni yn union fel y mae. Oherwydd bod ein synhwyrau yn rhan o'r byd naturiol, gwrthrychol a brofant ni all ein synhwyrau ein twyllo ni. Nid dau fyd sydd o dan sylw yma – un yn sefyll y tu allan i'r llall ac yn adrodd amdano – ond un byd sydd, yn hunan-adrodd amdano ei hun. Ceir disgrifiad a hanes camarweiniol o bryd i'w gilydd o'r hunan-adroddiad hwn, ond gan mai'r byd sydd yn adrodd iddo'i hun ynglŷn â'i anian, gellir gwella ac osgoi'r camgymeriadau hyn. Yn wir, dyma sut yr enillir gwybodaeth newydd am y byd, drwy wella'n barhaus yr hunan-adroddiad a rydd yr hil ddynol am ei phrofiad.

O ganlyniad, yn ôl Marx, nid yw'r cwestiwn, a ddaw gwirionedd gwrthrychol i ran meddwl dyn yn gwestiwn o ddamcaniaeth ond yn gwestiwn ymarferol. Yn ymarferol (*praxis*) y mae'n rhaid i ddyn ddangos gwirionedd, hynny yw, realiti a grym, priodoldeb (*Diesseitigkeit*) ei feddyliau. Y mae'r ddadl ynglŷn â realiti neu ddiffyg realiti ein meddyliau – meddyliau a rennir oddi wrth *Praxis* – yn gwestiwn llwyr sgolastig.[8] Gan fod ein meddyliau ni i gyd yn rhan o'r byd, y meddyliau hynny a ddengys y sylwedd mwyaf yw'r rhai a gaiff eu gwireddu'n ymarferol. Nid yw hyn yn dangos o reidrwydd eu bod yn wir; dengys eu bod yn hytrach ymhlith y syniadau hynny sydd yn werth trafod eu gwirionedd a'u dilysrwydd. Os yw'r syniadau yn ymarferol gallwn bwyso a mesur o'n profiad eu perthnasedd a'u haddasrwydd. Oherwydd gan na ellir ond pwyso gwirionedd syniad yn ymarferol, y mae'r cwestiwn o wirionedd ynddo'i hun yn gwestiwn moesegol. Ni ellir profi gwirionedd syniad yn haniaethol y tu allan i brofiad dyn. Pwyso a mesur syniadau o fewn fframwaith bodolaeth dyn yr ydym ac, er efallai, y gall rhyw stad neu gilydd fodoli, ni olyga hynny ei fod yn addas neu'n gymwys i fodolaeth dyn. Y mae'n ddigon posibl, er enghraifft, i hil-laddiad (genocide) ddigwydd, felly aiff yn realiti neu'n rhan o'n profiad gwrthrychol ni. Ond, ym marn Marx, ni allwn dderbyn y ffaith hon fel un sydd yn foesegol gywir neu'n addas i brofiad dynol. Nid mater ffurfiol yn unig, felly, yw cywirdeb neu wirionedd ein syniadau. Yn ôl Marx, y mae'n fater moesegol hefyd. Ni allwn ond tystio i wirionedd syniadau sydd yn cyfleu ein hamgylchiad o safbwynt dynol. Iddo fod yn wir y mae'n rhaid i syniad nid yn unig gael ei wireddu yn y byd, ond y mae'n rhaid hefyd brofi ei addasrwydd i ffyniant dyn a dynoliaeth yn gyffredinol, ac yn sicr, ni ellir gwneud hynny â hil-laddiad.

Gellir cymharu syniadau Marx ar wirionedd â syniadau'r athronwyr pragmataidd, fel Pierce a Dewey. I'r athronwyr hyn y mae syniad yn dangos ei gywirdeb trwy ei ddefnyddioldeb. Os yw syniad yn ei ddangos ei hun yn gyfrwng effeithiol i gyrraedd rhyw nod arbennig, er enghraifft y nod o dwf a chynnydd economaidd, dylid wedyn derbyn ei wirionedd.[9] Buasai Marx yn llwyr gydfynd â'r pwyslais a rydd y pragmatwyr ar yr ymarferol, ond ni allai weld sut y gellir gwahanu'r ymarferol oddi wrth y moesegol. Nid yw defnyddioldeb syniad yn gwestiwn technolegol yn unig. Ymddengys i Pierce, Dewey a James fod defnyddioldeb syniad neu athrawiaeth at bwrpasau bob dydd yr unigolyn yn ddigon i ddangos eu gwirionedd. Ond gwendid y gred hon yw nad yw'n ddigon eglur ynglŷn â'r pwrpasau arbennig hynny y dylid eu hybu. Fe all pob math o syniadau fod yn gyfrwng i wireddu amcanion dyn, yr hyn sydd arnom eisiau ei wybod yw pa fath o syniad sydd yn gymwys fel amcan dynol. Y mae'n eglur o waith athronyddol ac economaidd Marx pa amcanion dynol y dylid eu hybu, sef cynhyrchu effeithiol a theg o dan amodau sosialaidd. Er efallai nad ydym i gyd yn cytuno â'r amcanion hyn, y mae'n rhaid cydnabod bod amlinelliad llawn ohonynt yn angenrheidiol i benderfynu gwirionedd athrawiaeth. Yn ôl Marx, y mae'n rhaid gweld defnyddioldeb syniad o fewn fframwaith dyfodol tymor hir y gymdeithas gyfan, hynny yw, ni ellir osgoi'r problemau moesol.

II Gwleidyddiaeth Marx

Er na chafodd syniadau ontolegol Marx y sylw a haeddant yn ystod y can mlynedd diwethaf ni ellir dweud hynny am ei syniadau gwleidyddol. Yn y maes hwn fe fu cryn ymholi ac ymryson ynglŷn â'i safbwynt ac yn bennaf, wrth gwrs, ymhlith y gwleidyddion hynny a geisiodd arfer syniadau Marx. Cafwyd y ddadl fwyaf brwd rhwng y sosialwyr hynny a gefnogasant chwyldro dramatig fel yr unig ffordd i gyrraedd nod Marx a'r sosialwyr hynny a gefnogasant ddulliau diwygiadol yn unig. Cymer y garfan gyntaf safbwynt digyfaddawd tuag at y gyfundrefn gyfalafol a chymer yr ail garfan safbwynt cymodol ac, o bryd i'w gilydd, cydweithredol. Adlewyrchir y ddadl hon yn yr astudiaethau ysgolheigaidd diweddar ar wleidyddiaeth Marx. Pwysleisia rhai sylwebyddion (fel Avineri[10]) mai sosialydd democrataidd yw Marx, a hynny yn yr ystyr etholiadol o'r gair, a phwysleisia rhai sylwebyddion (fel Miliband[11]) mai sosialydd gwrth seneddol a gwrth gynrychioladol yw a ffafria rym uniongyrchol sefydliadau'r dosbarth gweithiol.

I ryw raddau, wrth gwrs, y mae'r ddau ddehongliad hyn yn wir. Y mae Marx ar y naill law yn chwyldroadwr digyfaddawd nad yw'n or-hoff o ddulliau seneddol o weithredu ond ar y llaw arall, y mae hefyd yn gefnogwr brwd o ddemocratiaeth uniongyrchol sy'n arwain o dro i dro at argymell amynedd a phwyll ym mholisïau pleidiau'r chwith. Daw agweddau gwreiddiol Marx tuag at wleidyddiaeth i'r amlwg orau yn ei *Feirniadaeth ar Athroniaeth Cyfraith Hegel* a luniodd Marx ar ei fis mêl yn 1843. Yn y darn hwn, nas cyhoeddwyd mohono yn ystod bywyd Marx, gwêl ef lawer o fai ar Hegel am beidio dwyn i lawn ffrwyth ei syniadau mwyaf treiddgar am gymdeithas ddinesig a ddilynodd gymdeithas gul yr oes ffiwdalaidd.

Rhannodd Hegel y gymdeithas fodern (neu'r gymdeithas ddinesig fel y'i galwodd) yn ddwy haen neu lefel: yn gyntaf, lefel y gymdeithas ddinesig ei hun lle cai'r unigolyn y cyfle i fyw bywyd preifat a diwallu'i anghenion ei hun, ac yn ail, lefel y wladwriaeth lle'r oedd yn rhaid i'r unigolyn weld ei ymdrechion hunanol o fewn fframwaith y gymdeithas gyfan a cheisio cysoni ei ofynion ef â gofynion eraill. Teimlai Marx fod Hegel wedi dod at wraidd y gymdeithas fodern wrth ddarganfod y gwahaniaeth elfennol hwn. Cytuna Marx fod gan yr unigolyn ddwy fodolaeth yn y gymdeithas fodern, bodolaeth yn gyntaf fel uned ymarferol, corfforol yn yr economi fasnachol (bodolaeth y *bourgeois*, chwedl Rousseau). Ond gwendid dadansoddiad Hegel o'r rhaniad hwn yw nad yw'n ei weld fel rhwyg sylfaenol lle na ellir cysoni'r ddwy ochr yn llwyr. Fe geisia Hegel gymodi rhwng yr unigolyn hunanol, cystadleuol, dihitio i les eraill a geir yn y gymdeithas ddinesig a'r unigolyn egwyddorol, cyfrifol, moesegol a geir o fewn fframwaith y wladwriaeth. Ond, ym marn Marx, oherwydd natur y gymdeithas fasnachol yr oedd Hegel ei hun yn llwyr ymwybodol ohoni, ni ellir cymodi'r naill unigolyn â'r llall. Ni all y dinesydd cyfrifol anwybyddu'n llwyr ei fuddiannau materol. Ni ellir ond cysoni'r *citoyen* a'r *bourgeois* trwy greu deuoliaeth niweidiol o fewn ymwybyddiaeth y dinesydd cyffredin. Geilw Hegel ar yr un person ar yr un tro i fod nid yn unig yn unigolyn hunanol yn ei fywyd bob dydd ond hefyd i fod yn unigolyn moesol a da o fewn fframwaith cyhoeddus a gwleidyddol. Canlyniad y math hwn o foeseg ac athrawiaeth wleidyddol yw creu straen di-ben-draw ar yr unigolyn a'r gymdeithas. Brwydr rhwng hunanoldeb a moesoldeb yw'r gymdeithas ddinesig.

O fewn fframwaith y gymdeithas gyfalafol hon fe geisir cysoni'r gymdeithas ddinesig a'i holl broblemau materol gyda'r wladwriaeth yn y gyfundrefn gynrychioli neu'r Senedd. Caiff Marx lawer o hwyl wrth feirniadu ymdrechion Hegel i brofi y gellir gwraedu'r gwrth-ddywediadau rhwng gofynion aelodau'r gymdeithas ddinesig a gweinyddwyr y wladwriaeth trwy'r cynrychiolwyr seneddol. Y mae Hegel eisiau gweld y dosbarthiadau masnachol a'r dosbarthiadau cynhyrchiol yn chwarae eu rhan yn y broses o ddeddfu yn y Senedd, ond nid yw Hegel yn dymuno eu gweld yn gwneud hynny o safbwynt eu buddiannau personol fel masnachwyr neu gynhyrchwyr. Yn ei farn ef, fe ddylai aelodau o'r dosbarthiadau hyn ymuno yn y gwaith o ddeddfu nid fel unigolion hunanol (fel *bourgeois*) ond fel unigolion cyfrifol a moesol (fel *citoyen*). I fod yn aelod derbyniol o'r Senedd y mae'n rhaid i'r cynrychiolydd anwybyddu buddiannau ei ddosbarth a'i ardal a rhoi blaenoriaeth i'r gymdeithas gyfan. Dylai'r aelod seneddol drawsffurfio ei hun o'i fywyd bob dydd fel aelod o'i ddosbarth i fod yn rhan addas o'r fframwaith deddfwriaethol. Dywed Hegel, yn wir nad prif waith y cynrychiolydd yw deddfu – o ran hynny, myn Hegel fod gan weision sifil well cymwysterau i wneud y gwaith – yn hytrach, ei brif swyddogaeth yw rhoi gwybodaeth ychwanegol i'r Llywodraeth wrth lunio deddfau. Daw'r wybodaeth ychwanegol hon o'i brofiad ymarferol o'r gymdeithas ac effaith deddfau a rheolau'r Llywodraeth eisoes ar y gymdeithas. O ganlyniad gall y cynrychiolydd gyflawni un swyddogaeth bwysig arall, sef gall ragweld gwrthwynebiad i ddeddfau newydd a rhybuddio'r Llywodraeth i osgoi'r mesurau mwyaf damweiniol! Nid gwasanaethu ei etholwyr neu'i ddosbarth a ddylai'r aelod seneddol yn bennaf, yn ôl Hegel, ond cynrychioli'r wladwriaeth o fewn y gymdeithas.[12] Er ei bod yn bwysig i'r aelod seneddol ymddangos yn gyntaf fel cynrychiolydd ei etholaeth, y mae'n well gan Hegel iddo ddatblygu yn bennaf oll i fod yn gynrychiolydd y wladwriaeth o fewn y gymdeithas.

Safbwynt rhagrithiol yw hyn yn ôl Marx, ond fe adlewyrcha'r rhagrith wir natur y gymdeithas fwrgeisiol. Y gwir amdani yw nad yw buddiannau economaidd yr unigolyn a'r gwahanol dosbarthiadau yn y gymdeithas yn cyd-fynd naill ai â'i gilydd nag â buddiannau'r gymdeithas gyfan. Ym marn Marx gwir werth athroniaeth wleidyddol Hegel yw ei bod yn datgelu gwendidau economaidd y gymdeithas fwrgeisiol sef, yn gyntaf, y ffaith na all ddod i ben â thlodi ac angen;[13] yn ail, y ffaith nad ydyw buddiannau'r cynhyrchwyr a'r defnyddwyr yn un;[14] yn drydydd y ffaith tra pentyrra cyfoeth ar yr naill ochr pentyrru y mae tlodi ar y llall[15] ac, yn olaf, y ffaith bod ymyrraeth y llywodraeth o dro i dro â'r economi yn anorfod oherwydd problemau parhaol y cylch diwydiannol lle y ceir cynnydd ar y naill dro a dirwasgiad ar y llall.[16] O ganlyniad ni all y llywodraeth hyd yn oed o dan yr amodau gorau oll ddelio â holl broblemau economaidd y gymdeithas fwrgeisiol. Ar y gorau, yr unig fesurau y gellir llwyddo arnynt yw'r rheini sydd yn ceisio lleddfu'r niwed a grëir gan wendidau'r economi. Yn y cyd-destun hwn ni all y cynrychiolydd seneddol (sydd hefyd, wrth gwrs, yn rhan o'r gyfundrefn lywodraethol) ond ategu'r neges hon i'w etholwyr. Nid yw swyddogaeth y cynrychiolydd seneddol yn rhoi'r cyfle iddo ddelio â phroblemau sylfaenol yr economi fasnachol. Gan nad ydyw problemau sylfaenol yr economi o fewn cyrraedd y wladwriaeth bresennol a dyfodd o fewn fframwaith y gymdeithas bresennol, sut y gellir disgwyl i'r cynrychiolydd unigol ddygymod â hwy? Ym marn Marx nid yw'r cynrychiolydd ond yn garcharor i'r gyfundrefn bresennol.

O'r paradocs hwn cwyd cefnogaeth Marx i'r syniad o ddemocratiaeth uniongyrchol. Gwelir y syniad hwn yn rhedeg fel llinyn aur drwy holl athroniaeth wleidyddol Marx. Dywed Marx yn ei feirniadaeth ar *Athroniaeth Cyfraith Hegel* mai 'democratiaeth yw'r ateb i'r holl ddirgelwch ynglŷn â chyfansoddiadau.'[17] O dan gyfansoddiadau gwir ddemocrataidd, yn ôl Marx, nid y cyfansoddiad yw'r egwyddor a ddeil y bobl at ei gilydd ond y bobl yw'r egwyddor a wiredda'r cyfansoddiad. O dan gyfundrefn ddemocrataidd 'fe ymddengys y cyfansoddiad yn union fel y mae mewn gwirionedd, fel gwaith gwirfoddol dyn'.[18] Wrth sôn am gyfansoddiadau, ym marn Marx, fe ddylid derbyn y cyfansoddiad democrataidd fel y delfryd gwreiddiol a gweld cyfansoddiadau eraill fel addasiadau ohono. Fe ddylai unrhyw wlad sydd yn ystyried ei chyfansoddiad o ddifrif dderbyn democratiaeth fel ei nod. I sicrhau ffyniant y gymdeithas y mae'n allweddol bwysig, yn nhyb Marx, bod y bobl yn gyffredinol yn llunio deddfau (yn hytrach na rhan ohoni) ac yn eu gweithredu eu hunain.

Ond ymddengys mai dyma'r union beth a geir yng ngwledydd datblygedig y gorllewin heddiw. Fe ymddengys mai'r bobl drwy eu cynrychiolwyr a lunia'r deddfau ac a'u gweithreda. Ond ni chytunai Marx â'r casgliad hwn oherwydd nid y bobl ond eu cynrychiolwyr a wna'r gwaith allweddol. Ym marn Marx y mae'r cynrychiolwyr hyn ynghlwm wrth y gyfundrefn annheg, ddosbarthiadol bresennol. Wrth gwrs, ni fyddai Marx yn amau ar y cyfan nad dim ond ychydig bach o bobl a all yn y diwedd fod yn gyfrifol am weithredu deddfau a rheolau'r gymdeithas, ond yn ei farn ef, fe ddylai'r unigolion hyn ar bob adeg fod yn gwbl atebol i'r gymdeithas gyfan. Y mae Marx yn awgrymu mai'r ffordd y gall y deddfwyr a'r gweithredwyr hyn fod yn atebol i'r boblogaeth yn gyffredinol yw nid trwy etholiadau achlysurol ond etholiadau parhaol y gellid eu cynnal unrhyw dro ar fyr rybudd. Ni ddylid trefnu'r etholiadau hyn ar batrwm o etholiadau daearyddol yn unig ond hefyd ar batrwm (fel y cynigiodd Hegel) o etholaethau yn y mannau hynny y cyfarfu bobl i weithio. Dylid, ym marn Marx, nid yn unig gynnal etholiadau o fewn ardaloedd ond yn bennaf oll o fewn mannau gwaith unigolion, lle yr effeithir yr unigolyn gyntaf gan bolisïau gwleidyddol. Fe ddaw y mesur hwn â democratiaeth uniongyrchol effeithiol lle y cynrychiola'r dirprwy a anfonir i'r senedd nid y senedd ond y man gwaith. Ym marn Marx, dylid rhoi trefniant y gymdeithas yn nwylo dirprwyon yn hytrach na chynrychiolwyr a swyddogion.

Cefnoga Marx y math o ddemocratiaeth uniongyrchol a ddaeth i fodolaeth am gyfnod byr yn ystod Commune Paris yn 1871. Gwelwyd yr un fath o gyfundrefn hefyd am gyfnod byr yn ystod y chwyldroadau mawr yn Rwsia ym 1905 a 1917. Y mae'r syniad o sofiet a ddaeth i fodolaeth yn bennaf oll ym Mhetersburg yn ystod y ddau chwyldro hyn yn dilyn yn agos iawn ddelfryd Marx o ddemocratiaeth uniongyrchol. Nid yw'r math o ddemocratiaeth ffurfiol a geir heddiw yn y Gorllewin yn ddigon atebol i'r bobl i ymgyrraedd â delfryd Marx. Nid yn unig y mae'r gyfundrefn bresennol ar fai am mai dim ond cynrychiolwyr anuniongyrchol o ardaloedd a etholir ond hefyd am mai am gyfnodau hir yr etholir y rhan fwyaf o gynrychiolwyr. Os ydyw dirprwy gwleidyddol neu swyddog yn gwneud camgymeriad dybryd dylid, ym marn Marx, ei orfodi i ymddiswyddo'n union. O dan y gyfundrefn bresennol ym Mhrydain fe all aelod o'r Llywodraeth wneud camgymeriad o'r math hwn a phum mlynedd gyfan o'i flaen cyn y gellir ei ddiswyddo'n uniongyrchol gan y bobl.

Y math o gyfundrefn wleidyddol sydd ei gwir angen, dywed Marx, yw'r math a wna i ffwrdd â'r dieithrwch hwnnw sydd yn bod rhwng y dinesydd a'r wladwriaeth. Ar hyn o bryd fe ymddengys fod ein llywodraeth a'n llywodraethwyr yn gwneud gwaith hynod o arbennig, cyfrinachol ar adegau, sydd y tu hwnt i amgyffrediad y dyn cyffredin. I wneud y gwaith arbennig hwn penoda'r wladwriaeth swyddogion cymwys a deallus a ddysgant sut i ymdrin â phroblemau gwleidyddol yn y ffordd wleidyddol addas. Twyll enbyd yw'r holl stori hon, yn ôl Marx, gan nad oes unrhyw gyfrinach arbennig i waith llywodraethol. Gwaith llywodraeth (mewn egwyddor, beth bynnag) yw gwarchod buddiannau'r gymdeithas yn gyffredinol ac y mae Marx yn naturiol o'r farn bod gan bob dinesydd yr hawl i chwarae'i ran yn y gwaith hwn. Wrth i bob dinesydd ymuno yn y gwaith hwn o dan amodau economi a chymdeithas sosialaidd diflanna dieithrwch ac arwahanrwydd y llywodraeth gan fod ei swyddogion yn awr yn rhan naturiol o'r gymdeithas. Nid yw cyfundrefn wladwriaethol ar wahân i'r gymdeithas ond yn arwydd o densiynau a rhwygiadau sylfaenol yn y gymdeithas.

Yng Nghommune Paris 1871 cawn enghraifft dda, yn ôl Marx, o sut i danseilio arwahanrwydd a dieithrwch y wladwriaeth bresennol. Dylid, yn y lle cyntaf, ddilyn patrwm y Commune o ddewis dirprwyon y rhan helaethaf o'r gymdeithas, sef y gweithwyr cyffredin. Yn ail, fe ddylid sicrhau y gellid terfynu'r penodiadau hyn ar fyr rybudd gan y gweithwyr eu hunain.[19] Yn drydydd, o fewn fframwaith y llywodraeth ei hun, dylid trefnu 'nad corff seneddol mo'r Commune... ond corff gweithio, yn gorff deddfu a chorff gweithredol (gweithgor) yn un'.[20] O ganlyniad nid yw Marx yn cytuno â barn athronwyr gwleidyddol a fyn y dylid sicrhau bod pwerau llywodraethol wedi'u rhannu'n ddau drwy gadw'r gwaith o ddeddfu ar wahân i'r swyddogaeth o weithredu'r deddfau. Y cymhelliad y tu ôl i'r athrawiaeth ryddfrydol hon (a wireddwyd yn yr Unol Daleithiau ond nid ym Mhrydain) yw ceisio rhwystro llygredd ac anfadwaith yn y llywodraeth wrth i'r aelodau o'r gweithgor arfer eu grym i osgoi effaith y deddfau arnynt hwy. Ym marn yr athronydd rhyddfrydol nid yw'n iachus i'r un bobl ddeddfu a gweithredu'r deddfau gan fod pawb yn dueddol o'i ffafrio ei hun. Y mae llawer o wir yn hyn. Ond o dan y math o gyfundrefn ddemocrataidd uniongyrchol a ragwelir gan Marx ni chaiff neb y cyfle naill ai i ddeddfu nac i weithredu'r deddfau er ei les ei hunan yn unig gan y byddai'r deddfwyr a holl swyddogion y llywodraeth yn uniongyrchol o dan reolaeth y gymdeithas o'r cychwyn un. Gellid diswyddo unrhyw droseddwr ar unwaith. Felly fe wrthwyneba Marx yr athrawiaeth o'r rhaniad pwerau (*division of powers*) o fewn llywodraeth oherwydd ei awydd i weld gwir raniad pwerau a chyfrifoldebau o fewn y gymdeithas.

Os democrat radicalaidd yw Marx (bron yn unol â delfryd Rousseau) sut, felly, y daeth ei enw yn gysylltiedig hefyd â'r syniad o unbennaeth, er mai, wrth gwrs, y syniad o unbennaeth y proletariat yw hwnnw? Ni ellir amau, fel y mae rhai sylwebyddion, bod Marx wedi crybwyll y fath syniad. Y mae'r syniad yn dod i'r amlwg yn ei 'Feirniadaeth ar Raglen Gotha', traethawd byr a ysgrifennodd mewn ateb i raglen a luniwyd gan y mudiad sosialaidd yn yr Almaen, yr S.D.P., i uno'r blaid.[21] Yn y traethawd fe fyn Marx y dylai sosialwyr ragweld unbennaeth y dosbarth gweithiol yn bodoli rhwng y trawsnewid o gyfalafiaeth i gomiwnyddiaeth a'r dasg o warchod y gymdeithas chwyldroadol rhag gelynion mewnol ac allanol. Ceir y cyfiawnhad gorau o'r mesur hwn gan Marx ym *Maniffesto'r Blaid Gomiwnyddol*. Craidd dadl Marx yw nad ydyw llywyddiaeth y dosbarth gweithiol ar ei ben ei hun yn unig o'i hanfod yn annemocrataidd. Gwêl Marx ymdrech y dosbarth gweithiol i ennill dylanwad gwleidyddol fel ymdrech y mwyafrif i reoli eu hamgylchiadau byw. Nid oes ond eisiau ein hatgoffa o ofynion y Mudiad Siartaidd, a oedd yn ei anterth ar yr adeg yr ysgrifennwyd y Maniffesto, i sylweddoli pa mor bwysig oedd democratiaeth i'r mudiad dosbarth gweithiol. Yr oedd Marx ac Engels yn llwyr gefnogol i'r mudiad hwn a geisiodd hybu y syniad o ddemocratiaeth i'r mwyafrif trwy bleidlais gyffredinol, rydd a seneddau blynyddol.

Cymer Marx yn ganiataol mai'r dosbarth gweithiol fydd y mwyafrif pan ddaw'r trawsnewidiad cymdeithasol o gyfalafiaeth i sosialaeth. O ganlyniad nid yw o fudd, yn ei farn ef, i ehangu'r bleidlais ond wrth i'r gymdeithas gyfalafol ddatblygu ac fe hyba hyn ynddo'i hunan y mudiad dosbarth gweithiol. Ond nid yw hyn ynddo'i hun yn ddigon. Er fod Marx o'r farn bod nifer o wledydd cyfalafol yn gwella eu sustem seneddol er lles y dosbarth gweithiol teimlai yn y pen draw hyd yn oed yma fod grym yn nwylo dosbarth llywodraethol cul yn unig. Fe ddywed Marx ac Engels yn y *Maniffesto* 'nad ydyw'r corff gweithredu yn y wladwriaeth fodern ddim ond yn bwyllgor i reoli holl fuddiannau cyffredin y *bourgeoisie* cyfan.'[22] Felly, yn ôl Marx, hyd yn oed yn y gwledydd cyfalafol mwyaf blaengar y mae math o unbennaeth yn bod yn barod o fewn fframwaith democratiaeth seneddol. I ennill y frwydr am wir ddemocratiaeth y mae'n rhaid o ganlyniad i'r dosbarth gweithiol gipio grym oddi wrth y dosbarth cyfalafol unbenaethol hwn. Yn union fel nad yw'n bosibl i'r dosbarth canol cyfalafol rannu sofraniaeth gyda'r dosbarth gweithiol yn y gymdeithas farchnad, nid yw'n bosibl ychwaith i'r dosbarth gweithiol rannu ei sofraniaeth â'r dosbarth canol os yw'n dymuno llwyddo â'i ymdrech i reoli'r gymdeithas a'r economi. Y mae dod â'r mwyafrif i rym o fewn fframwaith seneddol y gwledydd datblygedig cyfalafol yn golygu rhwystro'r hen ddosbarthiadau llywodraethol rhag naill ai weinyddu na rheoli'r wladwriaeth, ac yn ôl Marx y mae'r mesur hwn yn unol â democratiaeth.

Ond problem sylfaenol Marxiaeth yw'r ffaith, yn y lle cyntaf, y bu'n amhosibl bron yn hanesyddol i gysoni holl ddymuniadau pob haen o'r dosbarth gweithiol ac, yn ail, y ffaith nad yw'r lleiafrif y bwriedir orfodi i dderbyn mesurau sosialaeth yn debyg o'i derbyn fel ffordd ddemocrataidd o weithredu. Problem ymarferol yw'r gyntaf, wrth gwrs, sydd yn gofyn am ystwythder a dychymyg wrth gyflwyno'r rhaglen sosialaidd. Ond ni welir y fath ystwythder yn Marx gan ei fod yn rhy barod i dderbyn y syniad fod yna gyswllt naturiol rhwng haenau o'r dosbarth gweithiol a all bob tro wrthweithio yn erbyn unrhyw ymdrech i wahanu ac anghytuno. Y mae'n rhaid gweithio ar yr undod hwn gan nad yw'n bod yn naturiol. Problem ddamcaniaethol yw'r ail nad yw Marx ychwaith yn rhoi llawer o sylw iddi. Ond y mae'n broblem na ellir ei gorbwysleisio. O fewn y gymdeithas ryddfrydol gyfalafol fe roddir mwy o sylw i'r hawliau a'r rhyddid y gall y lleiafrif eu colli nag a roddir i'r rhyddid a'r hawliau y gellir eu hennill gan y dosbarth gweithiol mewn chwyldro sosialaidd. Ac y mae hawliau'r unigolyn yn bwysig, hyd yn oed i'r gweithiwr cyffredin. Y mae'n gam dirfawr i ymyrryd â hwy. Er hynny, nid yw Marx heb amddiffynwyr i'w gefnogaeth dros darfu ar hawliau gwleidyddol ac economaidd y lleiafrif mewn cyfnodau chwyldroadol gan fod athronwyr rhyddfrydol eu hunain yn derbyn ei fod yn iawn o dan rai amodau i orfodi unigolyn i ymddwyn mewn ffordd a gydymffurfia â buddiannau'r gymdeithas gyfan. Gellir meddwl, er enghraifft, am ddadleuon John Stuart Mill yn *On Liberty* a anogai fel egwyddor yr ymyrraeth leiaf bosibl â rhyddid yr unigolyn ond sydd, er hynny, yn derbyn y caniateir ymyrryd â rhyddid person i sicrhau nad ydyw eraill yn cael eu niweidio. Ym marn Mill yr ydym yn rhydd i wneud yn union fel y dymunwn mewn materion sydd ddim ond yn cyffwrdd â'n buddiannau'n hunain ond mewn materion sydd yn cyffwrdd â buddiannau eraill gellid ein rheoli.[23] Gan hynny, o safbwynt gwleidyddol rhyddfrydol tasg fwyaf Marx yw dangos bod rhyddid y lleiafrif cyfalafol mor niweidiol i eraill ymhlith y mwyafrif fel y cyfiawnheir ymyrryd â'u rhyddid hwy. Dyma ar un olwg yw pwrpas Marx yn ei gampwaith *Cyfalaf*. Ceisia ddangos yno fod rhyddid y cyfalafwr i ychwanegu'n fwyfwy ar ei gyfalaf ond yn parhau ar draul safonau byw y gweithwyr cyffredin. Ym marn Marx ni ellir dosbarthu cynnyrch y gymdeithas mewn ffordd deg o dan y gyfundrefn gyfalafol, oherwydd hynny fe ddylid dileu perchnogaeth y dosbarthiadau busnes a masnachol ar y moddion cynhyrchu a'u rhoi hwy yn nwylo'r dosbarth gweithiol. Gellir gwneud hynny, ym marn Marx, a gwarchod rhyddid y mwyafrif.

III Cyrraedd Sosialaeth

Ni cheisiodd Marx ei hun ddeddfu o flaen llaw ar sut y dylid cyrraedd y nôd o gymdeithas sosialaidd. Ei brif bwrpas oedd i ddadansoddi'r gymdeithas gyfalafol fel yr oedd hi yn ei amser ef. Credai ef mai o'r dadansoddiad hwn y codai'r awydd a'r cynllun mwyaf addas i ddanseilio'r gyfundrefn ac i greu sosialaeth. Gan fod amgylchiadau bob tro yn bwysig yr oedd yn amlwg i Marx fod yn rhaid ymgymryd â'r dadansoddiad hwn o'r newydd mewn gwledydd a chymdeithasau a oedd yn wahanol i'w brif faes ef, sef Prydain a Gorllewin Ewrop. Arweiniodd y rhybudd hwn rhag cyffredinoli rai Marcswyr (fel Lukacs) i ddadlau mai etifeddiaeth bwysicaf Marx oedd nid ei gasgliadau arbennig ynglŷn â gwleidyddiaeth a chyfalafiaeth Ewrop ond ei ddull (neu fethod) o ddadansoddi. Ffordd o weld y byd oedd Marxiaeth yn bennaf i Lukacs a phwysleisia natur ddilechdidol ein holl brofiad.[24] Ond er mor ffrwythlon y ddamcaniaeth hon wrth geisio cadw'n fyw athrawiaeth Marx, nid yw'n dod dros y broblem honno yr oedd Marx ei hun yn llwyr ymwybodol ohoni, sef na allai ef na neb arall ragweld ac addasu ei syniadau at y dyfodol yn ei holl ehangder a phosibiliadau.

O ganlyniad nid yw Marx yn awgrymu'r un strategaeth arbennig o sut i ddod i rym mewn cymdeithas gyfalafol. Awgrymai fod rhai ffyrdd ar adegau yn fwy addawol na'r lleill ond ei brif orchest ef yw amlinellu'r egwyddorion pwysig hynny sydd yn rhaid eu gwireddu i sicrhau dyfodol sosialaidd. Sylfaenol bwysig i sosialaeth, yn nhyb Marx, yw perchnogaeth ar y moddion cynhyrchu gan y gymdeithas gyfan a'u rheolaeth hwy o'u cynnyrch yn ôl cynllun canolog. Mewn geiriau eraill, dymuna Marx weld y tir, ffatrïoedd a phob lle gwaith yn nwylo'r cynhyrchwyr eu hunain. I sicrhau hyn y mae'n rhaid wrth lywodraeth y dosbarth gweithiol a ymlyna wrth yr egwyddorion o economi gynlluniedig, o gynhyrchu i ddileu angen ac o gydweithio rhyngwladol. Cydnebydd y Llywodraeth hon yr hawl i eiddo personol ond nid yr hawl i eiddo preifat. Gwrthwyneba Marx yr hawl i eiddo preifat oherwydd bod yr hawl hon yn rhagdybio y gellir perchnogi cyfalaf a thrwy hynny reoli a dosbarthu llafur eraill. Y mae Marx eisiau i'r gymdeithas ddosbarthu a rhannu ei gwaith yn ymwybodol ac, yn bennaf, oll, wrth gwrs, rannu cynnyrch y llafur hwnnw mewn ffordd ymwybodol, resymol a theg. Felly, rhagwêl ef y bydd eiddo personol yn llewyrchu mewn cymdeithas sosialaidd ar draul eiddo cyfalafol preifat.

Gan fod awgrymiadau Marx ynglŷn â strategaeth chwyldroadol y dosbarth gweithiol yn benagored nid yw'n syndod, felly, y cafwyd llawer o ymryson ymhlith ei ddilynwyr ynglŷn â'r ffordd fwyaf briodol o gipio grym oddi wrth y dosbarth bwrgeisiol. Ond un o'r pethau mwyaf diddorol yn yr ymryson hwn yw fod y rhan fwyaf o Farcswyr, er hynny, wedi ceisio dyfynnu geiriau Marx fel awdurdod dros ddilysrwydd eu dehongliad hwy. Yn anffodus dechreuodd yr arfer hwn gyda chydymaith Marx, Engels. Ar ôl marwolaeth Marx ceisiodd Engels, yn gwbl naturiol, glodfori ei enw fel yr arloeswr sosialaidd mwyaf trwyadl a chynhwysfawr ei feddwl a'i syniadau. Ond tueddodd Engels i orbwysleisio awdurdod Marx fel athronydd ac arweinydd ac i droi ei etifeddiaeth yn ddogma.[25] Dechreuodd yr arfer anffodus o archwilio ysgrifau Marx i ddarganfod yr ateb uniongred a chwbl ddibynnol i broblemau cyfoes sosialwyr. Ac er nad yn yr ysbryd hwn y cyfansoddodd Marx ei waith, dilynwyd yr esiampl hon gan Farcswyr eraill fel Lenin, Luxemburg, Stalin, a Mao Tse-Tung. Ceisiodd y dilynwyr hyn, ambell un yn well na'r llall, amddiffyn 'gwir' etifeddiaeth Marx, a oedd, yn eu tyb hwy, yn gwbl eglur a chywir.

Saif un arweinydd Marcsaidd yn yr ugeinfed ganrif yn eithriad yn hyn o beth. Yng ngwaith y Comiwnydd o Sardinia, Antonio Gramsci (1891-1937), gwelir agwedd fwy annibynnol a chreadigol tuag at etifeddiaeth Marx a'r athrawiaeth Gomiwnyddol. Nid yw dylanwad aruthrol Gramsci ar Farcsiaeth yn yr ugeinfed ganrif wedi'i lwyr ddeall a'i nodi hyd heddiw. Ond fe ddengys Gramsci'r un gwrthwynebiad i ddogma a'r ateb hawdd ag a welir yng ngwaith Marx ei hun. Pwysleisia Gramsci yn fwy nag unrhyw Farcsydd arall bwysigrwydd syniadau ac ideolegau ym mywyd dyn. Gwelai ef, yn wahanol i rai Marcswyr, syniadau fel elfen achosol yn y byd cymdeithasol. Wrth gwrs, fel Marcsydd ni allai eu gweld fel yr unig elfen achosol, ond o'i gymharu â Marx sydd yn ei Ragair enwog i'w *Gyflwyniad i'r Feirniadaeth ar Economeg Gwleidyddol* (1859) yn cyfeirio at natur technoleg yn yr economi fel yr elfen dyngedfennol mewn bywyd cymdeithas, fe rydd Gramsci statws arbennig i'r sefyllfa ideolegol o fewn cymdeithas. Yn wir, tybia Gramsci mai yn ei oes ef yr unig ffordd lwyddiannus ymlaen i sosialwyr oedd trwy ymladd yn gyntaf ym myd syniadau. Yn ôl Marx daw newid sylfaenol yn ein syniadau ar ôl i chwyldro cymdeithasol ddigwydd, ond ym marn Gramsci, y mae'n bosibl mai yn y gymdeithas gyfalafol, gorfforaethol sydd ohoni heddiw y daw newid chwyldroadol ond ar ôl ennill y frwydr ideolegol. Y mae Gramsci yn rhoi'r pwyslais ar newid y gymdeithas wrth newid ein hymwybyddiaeth ac o'r herwydd awgryma y dylid gwrthwynebu'n egwyddorol a di-ildio y gymdeithas gyfalafol nid yn unig y tu allan i sefydliadau bwrgeisiol y gymdeithas ond y tu mewn iddynt hefyd. Gan mai brwydr ideolegol ynghyd â brwydr wleidyddol yw hi cawn yr argraff oddi wrth Gramsci nad tŷ unnos yw sosialaeth ond tŷ i'w adeiladu gyda gofal ac amser.

Prif amgyffrediad damcaniaeth wleidyddol Gramsci yw'r amgyffrediad o *hegemoni*. Bwriad Gramsci wrth arfer y term hwn oedd cyfeirio at y nodwedd honno mewn unrhyw gymdeithas lle mae goruchafiaeth dosbarth neu haen mewn cymdeithas nid yn unig yn ei amlygu ei hun yn y byd gwleidyddol ond hefyd yn y byd ysbrydol a diwylliannol. Ceir yr un syniad yng ngwaith Marx ac Engels, ond nid ydynt yn canolbwyntio arno yn yr un modd â Gramsci. Yn ôl Gramsci, ffaith allweddol y gymdeithas bresennol yn y Gorllewin yw nad yw'n bosibl i sosialwyr newid y gymdeithas oherwydd hegemoni y dosbarth canol. Y mae unrhyw swyddogaeth o bwys yn y gymdeithas wedi'i chipio'n barod gan y dosbarth canol, cyfalafol ei ideoleg. Yr oedd yr Eglwys Gatholig o ddiddordeb mawr i Gramsci, gan ei bod hi, yn ei farn ef, yn esiampl dda o sut y gellid trosglwyddo hegemoni o un genhedlaeth i'r llall.

Wrth astudio'r Eglwys yn yr Eidal gwelid mai'r un mor bwysig i lwyddiant ideoleg oedd nid yn unig ei gynnwys ffurfiol, syniadol ond hefyd y modd yr oedd yn cael ei drosglwyddo. Darganfu'r Eglwys Gatholig ddull o drosglwyddo credoau a oedd yn un â'i phwrpas sef ffordd ddefosiynol, hierarchaidd a adlewyrcha ddibyniaeth y 'praidd' ar awdurdod yr Eglwys 'fugeiliol' yn eu bywyd bob dydd.

Sut oedd y mudiad sosialaidd i ymladd yn erbyn yr amgylchiadau hyn o 'hegemoni'? Dyma faes prif gyfraniad Gramsci. Dadleua ef y dylai'r mudiad sosialaidd ymladd yn ideolegol yn yr un ffordd o fewn y gymdeithas bresennol i greu corff yr un mor gryf ac unol yn ei ideoleg â'r Eglwys. Wrth sôn am y frwydr wleidyddol gwahaniaetha Gramsci rhwng 'rhyfel sefyllfa' a 'rhyfel agored' (neu rhyfel 'manoeuvre').[26] Yn ei farn ef anaml iawn y daw'r frwydr rhwng y Chwith a'r awdurdodau o fewn cymdeithas gyfalafol yn rhyfel agored. Yn wir, fe ddengys profiad mai annoeth iawn yw hi i'r Chwith i fynd yn syth at ryfel agored gyda'r awdurdodau. Talwyd cost ofnadwy am yr ymgyrchoedd uniongyrchol am rym yn yr Eidal a'r Almaen yn y dau ddegau. Gwendid ymgyrch uniongyrchol agored yw y rhydd rybudd i'r llywodraeth a'r dosbarth cyfalafol ac y mae'n caniatáu iddynt baratoi o flaen llaw yn wleidyddol ac, os oes angen hynny, yn filwrol. Casgliad Gramsci o ganlyniad yw y dylid bod yn bwyllog ac yn amyneddgar wrth wrthdaro yn wleidyddol gyda\r dosbarth llywodraethol. Gan amlaf nid ydyw'n bosibl i fudiad sosialaidd ddod i rym dros nos. Yn wir, y mae'n rhaid cydnabod y ffaith nad yw'r werin bobl yn ddyddiol yn barod i fentro'u dyfodol yn llwyr mewn ymgyrch chwyldroadol. Os ydyw hynny'n digwydd o gwbl, fe ddigwydd ond tuag unwaith bob cenhedlaeth. Dadl Gramsci yw yn hytrach nag argymell rhyfel agored a â yn ddyddiol yn fwy peryglus, fe ddylai sosialwyr weithio'n amyneddgar ac yn ddygn am fuddugoliaeth tymor hir yn y rhyfel sefyllfa. Amcan sosialwyr yn y rhyfel sefyllfa yw ceisio ennill goruchafiaeth ym myd syniadau a gwerthoedd y gymdeithas. I ennill y frwydr ideolegol hon y mae'n rhaid wrth fudiad a sefydliadau cryf (pe caniateid hyn gan y sefyllfa wleidyddol) a sicrha fod gwerthoedd sosialaidd yn treiddio i fywyd bob dydd yr unigolyn.

Oherwydd bod gan Gramsci syniad cynhwysfawr o'r gwybodusion neu'r deallusion yn y gymdeithas ymestyn, yn ei farn ef, y frwydr syniadau i bron pob haen a chwr o'r gymdeithas.[27] O ganlyniad i dwf a datblygiad diwydiant yn yr oes fodern gwelai Gramsci fod llawer mwy o gynhyrchwyr yn awr yn meddu ar wybodaeth arbennig, hynny yw, yn gorfod yn eu gwaith feistroli syniadau a damcaniaethau, fel na ellid sôn am wybodusion yn yr un ystyr cul a fu. Ym marn Gramsci, yr oedd gweithwyr technegol y ffatri fodern yn enghreifftiau da o'r unigolion hynny y dylid yn awr eu cynnwys ymhlith deallusion y gymdeithas. Oherwydd natur eu gwaith dylanwadant yn ddirfawr ar fywyd a meddwl eu cydweithwyr. Gobeithia Gramsci ennill yr haen newydd hon o dechnegwyr i'r mudiad sosialaidd, a thrwy hynny ymledu dylanwad sosialaeth ymhlith y boblogaeth yn gyffredinol. Cynnwys Gramsci, felly, yn y frwydr ideolegol nid yn unig y dosbarthiadau traddodiadol o ddeallusion: offeiriad, athrawon ac yn y blaen ond hefyd y deallusion newydd o reolwyr, is-reolwyr, a goruchwylwyr mewn diwydiant, llywodraeth a masnach. Ceisia Gramsci felly, ymestyn apêl Marcsiaeth i'r gweithwyr coler wen mewn cymdeithas.

Gwelaf Farcsiaeth Gramsci fel ffordd o ddehongli Marx sydd yn addasu ei syniadau'n llwyddiannus i amgylchiadau cyfoes gwledydd cyfalafol y Gorllewin. Gwelir yn y gwledydd hyn wladwriaethau corfforaethol cryf sydd ar hyn o bryd yn derbyn cefnogaeth boblogaidd sylweddol. Nid yw'r gefnogaeth hon yn fater i lwyr dosturio amdano gan fod llawer o'r gwladwriaethau hyn yn sicrhau safonau byw da a hawliau dynol pwysig i'w dinasyddion. Ond, er hynny, ceir llawer o ddrwgdybiaeth ynglŷn â'r gwladwriaethau hyn a'r cymdeithasau a reolant sydd, yn fy marn i, yn adlewyrchu eu natur ddosbarthiadol ac ymelwol. Ond ni ddaw gwrthwynebiad sosialaidd yn ddigon cryf o blith y gweithwyr llaw yn unig. Heddiw ânt o dipyn i beth yn lleiafrif o fewn y gymdeithas wrth i'r gweithwyr coler wen ddod yn fwyfwy niferus. Ond, yn nhyb Gramsci, ni olyga'r datblygiad hwn fod Marcsiaeth yn peidio â bod yn berthnasol i wledydd cyfalafol. Fel yr awgryma Gramsci, y mae'n rhaid newid cyfeiriad yr apêl. Yn y gorffennol yr hyn a roddodd undod ymarferol i'r mudiad sosialaidd oedd y ffaith mai gweithwyr llaw diwydiannol oedd y mwyafrif helaeth ac amodau bywyd a gwaith cwbl debyg. Ymddengys fod yr undod hwn ar drai yn awr. Er hynny, dylid cofio yn ôl y ddamcaniaeth Farcsaidd, fe unwyd y gweithwyr nid yn unig gan natur gorfforol eu gwaith ond hefyd gan dermau economaidd a chymdeithasol eu llafur. O safbwynt hynny y mae'n rhaid cydnabod, er yr holl amrywiaeth yn amodau cynhyrchu y gweithwyr llaw a'r gweithwyr coler wen, mai yn y diwedd gweithwyr cyflog ydynt i gyd. Y mae'r ddau fath o weithiwr yn ddibynnol ar eraill am eu gwaith a'u cynhaliaeth. Un o brif bwrpasau sosialaeth Farcsaidd yw gwaredu'r dibyniaeth cyflog hwn. Er, felly, y mae'n ddigon eglur fod y dosbarth gweithiol llaw yn cilio yn ddyddiol yn y Gorllewin ac y mae'n gwbl eglur hefyd fod y nifer ohonom sydd yn weision cyflog (i gorfforaeth neu'r llywodraeth), ac o ganlyniad yn ddibynnol ar eraill am ein bywoliaeth yn cynyddu bob dydd. Camp fawr y mudiad sosialaidd yn y sefyllfa hon, fel y bu'n wir erioed, yw uno'r cyflogedig yn erbyn goruchafiaeth yr ychydig gyflogwyr. Cyfraniad mawr Antonio Gramsci yw dangos rhai ffyrdd newydd o geisio gwneud hynny. Wrth gwrs, nid yw'r ffyrdd hynny wedi'u hamlinellu'n fanwl gan Marx ond trwy ail-ddehongli ei waith yng ngoleuni'r presennol fe ddaw syniadau felly i'r amlwg. Prawf o fawredd Marx yw nid ei allu i ragweld y dyfodol ond ffrwythlondeb ei waith i feddylwyr heddiw. Saif gwaith Marx hyd heddiw yn ffynhonnell ddihysbydd i selogion gwybodaeth a gwelliant dynoliaeth.

Nodiadau

[1] Er enghraifft: B. Ollman, *Alienation: Marx's Critique of Man* (Caergrawnt, 1971); R. Schacht, *Alienation* (Allen & Unwin, Llundain, 1971); I. Mezaros, *Marx's Theory of Alienation* (Merlin, Llundain, 1970).

[2] Gweler *Marx-Engels Werke* (Dietz Verlag, Berlin), Cyfrol 3, t. 7; *Marx and Engels, Selected Works in One Volume* (Lawrence & Wishart, Llundain, 1968), t. 30.

[3] 'Thus, like the traditional ontologist, Marx is concerned with the study of the nature of reality; but unlike most traditional ontologists the reality he is concerned with is social reality. Even here, Marx makes a radical departure from the tradition: he interprets the ontological categories concretely as having social and historical meaning.' C. Gould, *Marx's Social Ontology* (MIT Press, Cambridge, Massachusetts, 1978), t. xvi.

[4] L. Wittgenstein, *Tractatus logico-philosophicus* (Suhrkamp Verlag, Frankfurt), t. 89, (5.6) 'Die Ggrezen meiner Sprache bedeuten die Grenzen Meiner Welt.'

[5] *Marx-Engels Werke*, Ergänzungsband, I, t. 578.

[6] Ibid.

[7] *Marx-Engels Werke*, 3, t. 5.

[8] Ibid.

[9] 'Any idea upon which we can ride, so to speak; any idea that will carry us prosperously, from one point of our experience to any other part, linking things satisfactorily, working securely, simplifying, saving labour – is true for just so much, true in so far forth, true instrumentally,' W. James, *Selected Papers on Philosophy* (Dent, Llundain, 1967), t. 207.

[10] S. Avineri, *The Social and Political Thought of Karl Marx* (Caergrawnt, 1970). Gweler yn arbennig y diweddglo.

[11] R. Miliband, *Marxism and Politics* (Rhydychen, 1977), pennod 5.

[12] Hegel, *Philosophie des Rechts* (*Philosophy of Right*), paragraff 301, sylw.

[13] Ibid., paragraffau 242-6

[14] Ibid., para. 236.

[15] Ibid., para. 243.

[16] Ibid., para. 236, sylw.

[17] *Critique of Hegel's philosophy of Right*, Cyf. J. O'Mally (Caergrawnt, 1970), t. 30; gweler hefyd D. Mc Lellan, *Marx before Marxism* (Penguin, 1972), pennod 6, t. 184-209.

[18] Ibid.

[19] Marx, *Civil War in France* (Progress, Moscow), t. 53.

[20] Ibid.

[21] *Selected Works in One Volume*, t. 331.

[22] Ibid., t. 37.

[23] J. S. Mill, *Liberty* (Rhydychen, 1971), t. 100. Gweler yr enghraifft enwog hon o egwyddor Mill: 'No person ought to be punished simply for being

drunk; but a soldier or policeman should be punished for being drunk on duty. Whenever, in short, there is a definite damage, or a definite risk of damage, either to an individual or to the public, the case is taken out of the province of liberty, and placed in that of morality or law.'

[24] G. Lukacs, *History and Class Consciousness* (Berlin, 1971). Gweler yn arbennig y traethawd, 'What is Orthodox Marxism?', tt. 1-22.

[25] Gweler T. Carver, *Marx and Engels: The Intellectual Relationship* (Harvester, Brighton, 1983).

[26] A. Gramsci, *Prison Notebooks*, cyf. Q. A. Hoare, G. Nowell Smith (Lawrence & Wishart, Llundain), 1971, tt. 238-9.

[27] Ibid., tt. 5-14.

Llyfryddiaeth

S. Avineri, *The Social and Political Thought of Karl Marx* (Caergrawnt, 1970).

T. Carver, *Marx and Engels: The Intellectual Relationship* (Brighton: Harvester, 1983).

C. Gould, *Marx's Social Ontology* (Caergrawnt, MA: MIT Press, 1978).

A. Gramsci, *Prison Notebooks,* cyf. Q. A. Hoare, G. Nowell Smith (Llundain: Lawrence & Wishart, 1971).

G. W. F. Hegel, *Philosophie des Rechts* (Philosophy of Right).

W. James, *Selected Papers on Philosophy* (Llundain: Dent, 1967).

G. Lukacs, *History and Class Consciousness* (Berlin, 1971).

K. Marx, *Critique of Hegel's Philosophy of Right* cyf. J. O'Malley (Caergrawnt, 1970).

K. Marx, *Civil War in France* (Moscow, 1968).

K. Marx & F. Engels, *Marx-Engels Werke 3* (Berlin: Dietz Verlag).

K. Marx & F. Engels, *Selected Works in One Volume* (Llundain: Lawrence & Wishart).

D. McLellan, *Marx before Marxism* (Penguin, 1972).

R. Miliband, *Marxism and Politics* (Rhydychen, 1977).

J. S. Mill, *On Liberty* (Rhydychen, 1971).

I. Mezaros, *Marx's Theory of Alienation* (Llundain: Berlin, 1970).

B. Ollman, *Alienation: Marx's Critique of Man* (Caergrawnt, 1971).

R. Schacht, *Alienation* (Llundain: Allen & Unwin, 1971).

L. Wittgenstein, *Tractatus logico-philosophicus* (Frankfurt: Suhrkamp Verlag, 19★★).

Hunaniaeth yn y Byd Cyfoes

E. Gwynn Matthews

Adolygiad

Identity: Contemporary Identity Politics and the Struggle for Recognition.
Francis Fukuyama, Profile Books, 2018.

MAE FRANCIS FUKUYAMA YN awdur cyfoes sydd, wrth gynnig dadansoddiadau o'n hamseroedd ni, yn datblygu syniadau sy'n deillio o ddwy ysgol athronyddol bwysig, sef ysgol Kant ac ysgol Hegel. Daeth i sylw rhyngwladol gyda'i lyfr cyntaf, *The End of History and the Last Man*, a gyhoeddwyd yn 1992.[1] Datblygodd y gyfrol honno o erthygl a ysgrifennodd i'r cyfnodolyn *National Interest* yn 1989 dan y teitl 'The End of History?'. Byddai'n deg i ddweud mai cwymp yr Undeb Sofietaidd a'i gwladwriaethau dibynnol yn 1989 a'i sbardunodd i lunio'r erthygl wreiddiol a'r gyfrol a'i dilynodd. Cyhoeddwyd astudiaeth o'r llyfr gan Howard Williams ac eraill mewn cyfrol a gyhoeddwyd gan Wasg Prifysgol Cymru yn 1997, ac a ddiweddarwyd yn 2016.[2]

Damcaniaeth sylfaenol Fukuyama yn *The End of History and the Last Man* yw fod y ddynoliaeth yn ei datblygiadau cymdeithasol a gwleidyddol dros y canrifoedd yn cyrchu at y nod o sefydlu trefn fydd yn sicrhau rhyddid a chydraddoldeb i bob unigolyn yn ddiwahân. Wedi sicrhau hynny, nid oes nod pellach i gyrchu ato, dim ond sicrhau effeithiolrwydd y dulliau o weithredu'r drefn. Democratiaeth yw'r drefn honno, wrth gwrs, a'i sefydu yn gyffredinol yw nod hanes ('the end of history'). Mae'n bwysig iawn fod y gair Saesneg 'end' yn cael ei ddehongli fel nod, neu

ddiben (e.e., 'to what end are you learning Latin?') yn hytrach
na diwedd ('when does the lesson end?'). Nid yw Fukuyama yn
golygu fod gweithgareddau neu fywyd y ddynoliaeth yn dod i
ben, ond yn hytrach fod uchafbwynt ein datblygiad cymdeithasol
a gwleidyddol wedi ei gyrraedd gyda sefydlu democratiaeth.[3]

Cynsail damcaniaeth o'r fath yw cysyniad o hanes sy'n ei
weld yn ymestyn fel llinell. Nid dyma'r unig gysyniad posibl o
hanes, wrth gwrs. Cysyniad arall o hanes, un sydd yn nodweddu
syniadaeth sawl gwareiddiad yn y Dwyrain, yw un sy'n ei weld
fel cylch yn ailadrodd ei hun am byth. Ond y cysyniad ohono fel
llinell fu fwyaf dylanwadol yn y Gorllewin. Mae hynny yn cyd-
fynd â dehongliadau crefyddau'r Gorllewin o hanes, megis y gred
fod Duw yn gweithio allan ei fwriadau drwy hanes. Meddai'r
diweddar Athro Bleddyn Jones Roberts:

> Y mae gan yr Almaenwyr... enw i'r math hwn o gyffes, sef
> *Heilsgechichte*, y gellir ei droi'n Hanes Achub, ac arno ef y dibynna
> yn y pen draw bob peth a geir yn yr Hen Destament... Y mae'n
> hanes, wrth gwrs, ond hefyd ar yr un pryd y mae'n fynegiant o
> fwriad achubol Duw.[4]

Yn y ddeunawfed ganrif seciwlareiddwyd y math hwn o
gysyniad gan Hegel. Yn ei ddamcaniaeth ef yr hyn sy'n rhoi
cyfeiriad i hanes yw datblygiad ymwybyddiaeth o ryddid. I Hegel,
meddwl neu ysbryd (ei air Almaeneg ef yw *Geist*) y ddynoliaeth
sydd yn cyrchu at wireddu cymdeithas lle mae pawb yn rhydd.
Nid yw'r cyfan o'r ddynoliaeth yn cyrchu at sefydu cymdeithas
felly, fodd bynnag. Pery gwareiddiadau sefydlog lle bydd rhyddid
wedi ei gyfyngu i unben neu i elit.

Mae tebygrwydd damcaniaeth Fukuyama i syniadau Hegel yn
drawiadol, ac yn wir y mae ef ei hun yn ystyried mai i Hegel y
mae'n fwyaf dyledus am ei ddehongliad o hanes. Serch hynny,
mae gwahaniaethau sylfaenol rhwng damcaniaethau'r ddau. Y

gwahaniaeth pwysicaf yw'r hyn sy'n deillio o foeseg Immanuel Kant. I Kant mae'r gofynion moesol sydd arnom yn eu hanfod yn seiliedig ar reswm. Canlyniad hynny yw (i) mai'r unigolyn drwy weithrediad ei reswm ei hun sydd yn derbyn fod dyletswyddau arno (sef egwyddor awtonomi'r unigolyn) a (ii) mae gofynion moesoldeb, fel popeth arall perthynol i reswm, yn gyffredinol (h.y., nid oes eithriadau). Yn unol â safbwynt Kant, gwel Fukuyama fod y dyhead am ryddid yn nodwedd o'r ddynoliaeth yn gyffredinol, o ba wareiddiad bynnag y daw, a thuag at wireddu'r dyhead hwnnw y cyrcha hanes.

Beirniadwyd y cyffredinolrwydd sy'n nodweddu damcaniaeth Fukuyama (a Kant) gan Samuel Huntington (1927-2008) yn ei lyfr *The Clash of Civilizations and the Remaking of World Order* (1996). Camgymeriad meddai ef yw ystyried fod hanes cyffredinol i'r ddynoliaeth, yr hyn y mae'n ei alw yn 'one world view'. Yn ei farn ef rhaid cydnabod mai hanes nifer o wareiddiadau gwahanol iawn i'w gilydd yw hanes y ddynoliaeth. Golwg or-syml ac unllygeidiog ar hanes bobloedd y byd yw tybio eu bod oll yn dyheu am ryddid gwleidyddol democrataidd:

> In the post-Cold War world, the most important distinctions among peoples are not ideological, political, or economic. They are cultural. Peoples and nations are attempting to answer the most basic question humans can face: Who are we? And they are answering that question in the traditional way human beings have answered it, by reference to the things that mean most to them. People define themselves in terms of ancestry, religion, language, history, values, customs, and institutions... People use politics not just to advance their interests but also to define their identity.[5]

Ymateb i'r safbwynt hwn y mae Fukuyama yn ei lyfr *Identity: Contemporary Identity Politics and the Struggle for Recognition*.

Nid yw'r cwestiwn 'Pwy ydym ni?' neu 'Pwy ydwyf i?' yn gwneud llawer o synnwyr mewn cymdeithas glos, draddodiadol, meddai Fukuyama. Mewn cymdeithas felly bydd rhwydwaith o gysylltiadau yn diffinio safle'r unigolyn a bydd cynghanedd syniadol aelodau'r gymdeithas yn fodd i'w gwahaniaethu o gymdeithasau eraill ac yn fur i'w hunaniaeth. Ond, prinhau mae cymdeithasau felly wrth i rymoedd technolegol ac economaidd sugno mwy a mwy o bobloedd i fyd di-ffiniau cymdeithas fyd-eang. Gellid dweud felly mai cwestiwn modern yw 'Pwy ydwyf i?'

Serch hynny, mae Fukuyama yn rhoi sylw i enghreifftiau cynnar o awduron sydd yn trafod hunan adnabyddiaeth. Y cynharaf yw Platon. Yn *Y Wladwriaeth*, wrth ddadansoddi'r enaid dynol, mae'n nodi ein gallu i feirniadu ein hunain:

... oni welwn yn fynych, pan fo chwantau yn gormesu ar ddyn yn groes i'w reswm, ei fod yn ei ddwrdio ei hun ac yn digio wrth yr hyn sy'n gormesu o'i fewn...[6]

Gweithrediad elfen arbennig (a eilw Platon yn *thymos*) yn yr enaid sydd yn gyfrifol am hunan werthuso. Elfen yw hon sydd yn ein galluogi i weld ein hunain – ac i ymateb i'r hyn a welwn.

Awdur cynnar arall a drafodir gan Fukuyama yw Martin Luther. Mae Luther yn haeddu sylw am iddo bwysleisio'r gwahaniaeth rhwng y dyn 'mewnol' a'r dyn 'allanol'. Mae'n dyfynnu'r sylw hwn am ffydd o draethawd Luther, *Ar Ryddid Cristnogol*:

Ni all y ffydd hon lywodraethu ond yn y dyn oddi mewn, fel y dywed Pawl: 'Â'r galon y credir i gyfiawnder' (Rhuf. X. 10). A chan mai trwy'r ffydd hon yn unig y cyfiawnheir dyn, eglur yw na chyfiawnheir, ac na all y dyn oddi mewn ddyfod yn rhydd ac yn ddedwydd, trwy unrhyw fath o weithred allanol.[7]

Fe berthyn y 'gweithredoedd allanol' y mae Luther yn eu difrïo i ddefodau eglwysig (cyffes, penyd, maddeuebau ayyb), hynny yw, i ddefodau sefydliad sy'n annibynnol ar yr unigolyn, ac yn sefyll o'r tu allan iddo. Dyma gyfosod dau wrthgyferbyniad felly: (i) y mewnol a'r allanol, (ii) a'r unigol a'r cymdeithasol. Dyma ddechreuad y cysyniad modern o hunaniaeth, medd Fukuyama.

Ymddengys y gwrthgyferbyniadau hyn yn namcaniaethau Rousseau. Maentumiodd Rousseau nad oedd y bodau dynol cynharaf yn fodau cymdeithasol. Esblygodd cymdeithas o ganlyniad i barodrwydd unigolion i gydweithredu er mwyn diogelwch a mantais, a gyda'r datblygiad hwn canfyddwyd gwahaniaethau a rhagoriaethau rhwng unigolion â'i gilydd. Hynny yw, dechreuodd unigolion gymharu eu hunain gydag unigolion eraill, ac esgorodd hynny ar edmygedd, ac ar genfigen. Dyfynna Fukuyama frawddeg enwog o eiddo Rousseau: ' Cyn gynted ag y dechreuodd dynion werthfawrogi ei gilydd, ac y ffurfiwyd y syniad o barch yn eu meddyliau, honnodd pawb fod ganddo hawl iddo, ac o hynny allan ni allai neb yn ddiogel atal ei ddangos tuag at eraill.'[8]

Mae gan Hegel ddamcaniaeth debyg yn ei lyfr *Ffenomenoleg Ysbryd*. Yn ôl ei ddadansoddiad ef y mae pob unigolyn yn crefu cydnabyddiaeth o'i urddas gan eraill. Meddai Fukuyama:

> ... the inner sense of dignity seeks recognition. It is not enough that I have a sense of my own worth if other people do not publicly acknowledge it or, worse yet, if they denigrate me or don't acknowledge my existence. Self esteem arises out of esteem by others... Indeed, the philosopher Hegel argued that the struggle for recognition was the ultimate driver of human history, a force that was key to understanding the emergence of the modern world.[9]

Mae'r 'byd modern' hwnnw yn fyd traws-ffiniol, yn cwmpasu sawl gwareiddiad a sawl cyfundrefn o werthoedd. Yng nghanol y potes diwylliannol hwnnw, bydd unigolion am berthyn i unedau sydd â ffiniau pendant iddynt:

When a stable, shared moral horizon disappears and is replaced
by a cacaphony of competing value systems, the vast majority
of people do not rejoice at their newfound freedom of choice.
Rather, they feel an intense insecurity and alienation because they
do not know who their true self is. This crisis of identity leads in
the opposite direction from expressive individualism, to the search
for a common identity that will rebind the individual to a social
group and reestablish a clear moral horizon. This psychological fact
lays the groundwork for nationalism.[10]

... individuals frequently want not recognition of their
individuality, but recognition of their sameness to other people.[11]

Nid ymgais i wrthsefyll grymoedd technolegol ac economaidd
y byd modern yn unig yw'r dyhead am hunaniaeth. Mae hefyd yn
adwaith i'r duedd i haniaethu dynolryw a gosod pwyslais ar hawliau
fel egwyddor gyffredinol heb eu hangori mewn cymunedau
dynol. Prif nodwedd meddylwyr yr Ymoleuad, fel Kant, oedd
eu pwyslais ar reswm ac ar resymoldeb. O fynd â'r elfen hon i
eithafion, mae perygl y gellid di-gorffori dynoliaeth a chynnig
dadansoddiad rhy haniaethol o'r natur ddynol. Adwaith i'r duedd
hon a gawn yng ngwaith Rousseau, sydd yn rhoi amlygrwydd i'r
teimladau yng ngwneuthuriad pobl a phobloedd.

Roedd arwyddair y Chwyldro Ffrengig, 'Rhyddid,
Cydraddoldeb a Brawdgarwch', yn fynegiant cyffrous o egwyddor
cyffredinolrwydd yn yr ystyr fod rhyddid, cydraddoldeb a
brawdgarwch yn perthyn i ddynolryw fel y cyfryw, sef i'r
ddynolryw haniaethol. Adwaith i'r cyffredinolrwydd hwnnw
oedd safbwynt yr athronydd Almaenig J. G. Herder ar ddiwedd
y ddeunawfed ganrif:

He (Herder) sought recognition not for absolutes like the 'Man'
in the Rights of Man, but rather for his particular people and by
extension every other human community.[12]

Yn wleidyddol, o leiaf, ffrwyth y Chwyldro Ffrengig yw'r byd modern, ac mae Fukuyama yn gweld ei ddylanwad yn ymestyn i ddau gyfeiriad, sef ymgais i sicrhau urddas a chydnabyddiaeth i'r unigolyn (dyma sy'n esgor ar ddemocratiaeth) ac ymgais i sicrhau urddas a chydnabyddiaeth i'r uned gymdeithasol (dyma sy'n esgor ar genedlaetholdeb). Llwyddwyd i gyd-gerdded i'r ddau gyfeiriad mewn rhai sefyllfaoedd, ond gall tensiwn godi rhwng y naill ddyhead â'r llall. Weithiau bydd gwrthdaro rhyngddynt. Y cwestiwn yw, pa ddyhead sydd â'r gafael cryfaf ar bobloedd? Awgrymodd Huntington mai teyrngarwch i'r uned gymdeithasol (cenedl, crefydd, diwylliant) yw'r elfen gryfaf. Os felly, mae damcaniaeth Fukuyama yn *The End of History* yn or-syml.

Dengys Fukuyama ddealltwriaeth o'r ffaith fod hacnau i hunaniaeth, a bod cenedligrwydd yn un ohonynt:

> Most people do not have infinite depths of individuality that is theirs alone. What they believe to be their true inner self is actually constituted by their relationships with other people, and by the norms and expectations that those others provide. A person living in Barcelona who suddenly realizes her real identity is Catalan rather than Spanish is simply excavating a lower layer of social identity that has been laid down beneath the one nearer to the surface.[13]

Mae'n ddiddorol iawn fod Fukuyama wedi defnyddio'r ansoddair 'real' yng nghyswllt hunaniaeth Gatalwnaidd ei unigolyn enghreifftiol, yn hytrach nag yng nghyswllt ei hunaniaeth Sbaenaidd. Mae defnyddio'r term 'real' fel pe bai'n cydnabod bod mwy o ddilysrwydd i'r hunaniaeth Gatalwnaidd nag sydd i'r un Sbaenaidd.

Ond beth yw ei farn am arwyddocâd hynny o safbwynt hanes byd-eang? Mewn pennod arall mae'n dweud na fyddai Sbaen wedi medru chwarae'r rhan flaenllaw a chwaraeodd ar lwyfan y byd ('on the geopolitical stage') pe bai Catalwnia wedi parhau

yn wladwriaeth annibynnol, ac ni fyddai Prydain wedi llwyddo i
wneud hynny chwaith pe bai'r Alban wedi parhau'n wladwriaeth
annibynnol. Mae'n amlwg ei fod o'r farn y gall hunaniaeth 'real'
dinasyddion mewn gwladwriaethau aml-genhedlig fod mor gryf
nes gwanychu'r gwladwriaethau hynny.[14] Nid yw'n croesawu'r
fath sefyllfa.

Cwestiwn sylfaenol iawn i'w ofyn am yr hunaniaeth 'real'
yw, a oes gan unigolion ddewis pa haen o hunaniaeth sydd yn
golygu fwyaf iddynt? Er enghraifft, ai dewis rhesymaidd ar fy
rhan sydd yn peri mai fy hunaniaeth Gymreig, yn hytrach na'r
un Brydeinig, yw'r un 'real' i mi? Nid yw iaith Fukuyama yn
eglur iawn ar hyn yn achos y Gatalwniad. Defnyddiodd y gair
'realizes', sydd yn gadael y cwestiwn yn agored. Serch hynny, fel
y mae ei ymdriniaeth yn datblygu, yr hyn a ddaw yn amlwg yw
ei fod o'r farn y *dylai* ymresymu chwarae rhan bwysig yn ffurfiant
hunaniaeth unigolion a phobloedd. Dyma, mewn gwirionedd,
lle daw yn amlwg mai etifedd yr Ymoleuad ydyw, a gwelwn
ei ddamcaniaeth, a wreiddiwyd yn athroniaeth Hegel, yn troi i
gyfeiriad athroniaeth Kant.

Pwysleisiais y gair 'dylai' yn y paragraff blaenorol oherwydd,
unwaith eto yn nhraddodiad Kant yn hytrach na Hegel, nid yw
Fukuyama yn swil o ddatgan nid yn unig sut *mae*'r byd, ond hefyd
sut y *gallai* fod. Teitl pennod olaf *Identity* yw 'What is to be done?'.
Hynny yw, beth sydd i'w wneud o safbwynt cynnal dau gyfeiriad
dylanwad y Chwyldro Ffrengig, cydnabyddiaeth unigolyddol
a chydnabyddiaeth gymunedol? Wrth gwrs, i athronwyr y
traddodiad dadansoddol, nid yw hynny'n gwestiwn athronyddol.
Serch hynny, mae'r hyn sydd gan Fukuyama i'w ddweud wrth
drafod y cwestiwn yn codi cwestiynau athronyddol dilys.

Mae'r rhaglen sydd ganddo i'w chynnig yn seiliedig ar ei
ddadansoddiad o natur hunaniaeth. Mae hunaniaeth fodern yn
gyfnewidiol ('changeable'), meddai, ar waethaf parodrwydd rhai
i argyhoeddi eu hunain fod eu hunaniaeth â sail biolegol iddo ac

felly y tu hwnt i'w rheolaeth.[15] Wrth gwrs, mae'n wir i ddweud fod bioleg yn elfen sylfaenol yn ein hunaniaeth megis, er enghraifft, ein rhyw, ein rhywioldeb, lliw ein croen, ac i'r mwyafrif ohonom mae rhain yn ddigyfnewid. Ond oni ddylid cynnwys mwy na bioleg ymhlith yr elfennau hynny yn ein hunaniaeth sydd y tu hwnt i'n rheolaeth megis, er enghraifft, lleoliad ein geni, iaith a chrefydd ein rhieni, yr oes yr ydym yn byw ynddi? Hynny yw, yr ydym oll yn etifeddion rhyw ddiwylliant arbennig nas crëwyd gennym ni. Gallwn ymagweddu yn gadarnhaol neu yn negyddol tuag at y diwylliant hwnnw, ond mi fydd â rhan hanfodol yn ffurfiant ein hunaniaeth.

Yn yr oes fodern, meddai Fukuyama, mae gennym nifer o hunaniaethau ('multiple identities') nas sefydlwyd ar ein bioleg. Ar lawer ystyr, mae hyn yn wir. Er enghraifft, i lawer o bobl mae eu henwad crefyddol yn rhan o'u hunaniaeth, ond (ac mae hwn yn 'ond' pwysig) i'r mwyafrif mawr ohonynt, etifeddu enwad eu rhieni a wnaethant. Maent yn ei arddel, er na wnaethant ei ddewis. Mae digon o enghreifftiau eraill, llai sylfaenol, efallai, megis pa dim pêl-droed yr ydym yn ei gefnogi. Gellid dadlau, wrth gwrs, nad nifer o wahanol hunaniaethau sydd gennym yn yr oes fodern ond yn hytrach nifer o wahanol haenau i'n hunaniaeth. Ar wahanol adegau a than amgylchiadau gwahanol daw gwahanol haenau i'r amlwg.

Sut bynnag, cred Fukuyama y gallwn greu hunaniaethau newydd. Yn amlwg, byddai proses felly yn un deallusol, yn deillio o ymresymu bwriadol. Yn wir, cred y dylai'r syniadol ddod yn sylfaenol. Mae am weld cred gyffredin (mewn gwerthoedd cyffredin, er enghraifft) yn sylfaen i hunaniaeth genedlaethol. 'We need to promote creedal national identities.'[16] Y math hwn o hunaniaeth, medd Fukuyama, sydd yn dal Unol Daleithau America wrth ei gilydd.

Gallai hunaniaethau felly fod yn fwy cynhwysol gan oresgyn hunaniaethau cul ac ymneilltuol. Yn wir, gall bod yn or-oddefol tuag at y gwahanol hunaniaethau mewn cymdeithas fod yn niweidiol o safbwynt diogelu a hyrwyddo iawnderau dynol cyffredinol. Er enghraifft, mae rhai diwylliannau yn cael y syniad o gydraddoldeb rhywiol yn annerbyniol, neu yn credu y dylid cosbi gweithredoedd cyfunrywiol. Bydd eraill yn argyhoeddedig o bwysigrwydd gorfodi llawdriniaethau rhywiol ar eu plant. Ond mewn cymdeithas sydd yn gosod bri ar fod yn amlddiwylliannol, (h.y., sy'n ystyried pob diwylliant yn gyfwerth) gall beirniadaeth o arferion o'r fath arwain at gyhuddiad o hiliaeth. Y peryg, felly, mewn cymdeithas or-oddefol tuag at hunaniaethau o bob math yw y gall rhyddid barn gael ei fygu.[17]

Mae Fukuyama yn cymeradwyo syniad Bassam Tibi y dylid disodli ethnigaeth fel sail hunaniaeth genedlaethol (yn yr Almaen yn benodol) gyda theyrngarwch i'r hyn a eilw'n 'brif ddiwylliant' ('Leitkultur' / 'leading culture'). Dylai cyffredinolrwydd flaenori ar unrhyw werthoedd eraill. Diffinwyd *Leitkultur* yn unol â chred yr Ymoleuad mewn cydraddoldeb a'r gwerthoedd democrataidd. Serch hynny ymosodwyd ar y cysyniad o gyfeiriad y chwith am ei fod yn rhagdybied fod y gwerthoedd democrataidd yn rhagori ar werthoedd diwylliannau eraill, ac o gyfeiriad y dde a gredai o hyd mewn hunaniaeth ethnig.[18]

Yn *Identity: Contemporary Identity Politics and the Struggle for Recognition* mae Fukuyama wedi gosod allan yn eglur dau fath o hunaniaeth, y naill yn seiliedig ar fioleg neu ar ddiwylliant a etifeddir a'r llall yn seiliedig ar ymrwymiad i werthoedd a ddewisir yn fwriadol. Cam gwag fyddai ceisio maentumio mai'r naill neu'r llall yw'r cysyniad dilys. Mae'r ddau yn cydfodoli ac mae Fukuyama yn y gyfrol hon yn cydnabod hynny. Nid yw hynny'n ei rwystro rhag cymeradwyo un dros y llall. Yn unol ag ysbryd yr Ymoleuad, mae'n arddel y cysyniad sydd am weld hunaniaeth yn fater o ddewis ymwybodol. Yn ei farn ef, yn y cyfeiriad hwnnw y gorwedd gobaith am warineb a heddwch yn y dyfodol. A yw'n realistig i ddisgwyl i hynny ddigwydd sy'n gwestiwn y

ceir anghytundeb arno rhwng y Delfrydwyr a'r Realwyr, ac yn
y gyfrol hon, fel yn ei lyfr cyntaf, mae cydymdeimlad Fukuyama
gyda'r Delfrydwyr.

Nodiadau

Oni nodir yn wahanol, cyfeirir at rhif tudalennau, *Identity:
Contemporary Identity Politics and the Struggle for Recognition* gan
Francis Fukuyama, argraffiad Profile Books (Llundain 2018).

1   F. Fukuyama, *The End of History and the Last Man* (Llundain: Hamish
     Hamilton, 1992).

2   H. Williams, D. Sullivan, E. G. Matthews, *Francis Fukuyama and the end of
     history* (Caerdydd: Gwasg Prifysgol Cymru, 1997 a 2006).

3   t. xii.

4   B. J. Roberts, *Sôn am Achub: Ysgrifau ar ddiwinyddiaeth yr Hen Destament*
     (Caerdydd: Gwasg Prifysgol Cymru, 1965) ,t. 13.

5   S. P. Huntington, *The Clash of Civilizationa and the Remaking of World Order*
     (Efrog Newydd: Simon & Schuster o argraffiad The Free Press, 2002), t. 21

6   Platon, *Y Wladwriaeth*. Cyfieithwyd gan D. Emrys Evans (Caerdydd: Gwasg
     Prifysgol Cymru, 1956), Adran 440b, t. 143.

7   M. Luther, 'Ar Ryddid y Cristion' yn *Traethodau'r Diwygiad 1520*.
     Cyfieithwyd gan J. Morgan Jones (Wrecsam: Hughes a'i Fab, 1926), t. 85.

8   t. 30.

9   t. 10.

10   t. 56.

11   t. 104.

12   t. 61.

13   t. 56.

14   t. 129.

15   t. 165.

16   t. 166.

17   tt. 111 a 116.

18   t. 169.

Metaffiseg a'r Genedl: Damcaniaeth Hegel ar Genedlaetholdeb[1]

David Sullivan

Cenedlaetholdeb yw gwenwyn ein hoes. Daeth ag Ewrop yn agos i ddistryw... Mae pob mympwy torfol mewn gwleidyddiaeth fodern, pob cynllun totalitaraidd, yn porthi ar genedlaetholdeb, ar y cyffur o gasineb sydd yn peri i fodau dynol ysgyrnygu dros fur, dros ddarn deg troedfedd o dir diffaith... Os nad yw potensial gwareiddiad i gael ei ddinistrio, bydd yn rhaid i ni ddatblygu mathau mwy cymhleth ac amodol o deyrngarwch.[2]

NID YW'N ANODD i gydymdeimlo gyda'r rheiny sydd â golwg felly ar fathau arbennig o genedlaetholdeb, yn enwedig awduron o genhedlaeth George Steiner oedd ag erchyllterau Natsïaid yr Almaen yn barhaus ar eu meddwl. Ni chyfyngwyd y math hwn o genedlaetholdeb i Almaen y tridegau a chyfnod yr Ail Ryfel Byd chwaith. Y mae ffurfiau milain o genedlaetholdeb i'w cael mewn cyfnodau cyn-Natsïaidd,[3] a chafwyd atseiniau tywyll ohonynt yn yr ymladd a ddilynodd chwalfa Iwgoslafia. Y mae ymddangosiad diweddar cenedlaetholdeb adain dde poblyddol yn llywodraeth Fidesz yn Hwngari a Phlaid Cyfraith a Chyfiawnder Gwlad Pwyl, yn ogystal â dylanwad Steve Bannon ar gyfnod cynnar arlywyddaeth Donald Trump yn yr Unol Daeithiau wedi codi pryder y gallai'r math hwn o genedlaetholdeb ddod yn rym bygythiol yng ngwleidyddiaeth y byd. Mae'r fath bryderon yn ddealladwy, ond weithiau mae rhyddfrydwyr yn gor-ymateb eu hadwaith gan gondemnio, fel

Seiner, bob mynegiant o hunaniaeth genedlaethol fel rhywbeth peryglus yn ei hanfod.

Mae'r fath or-ymateb yn annheg â rheiny sydd â dealltwriaeth llawer mwy rhyddfrydol o genedlaetholdeb, llawer ohonynt yn gweld y genedl fel gwrthglawdd yn erbyn bygythiadau o gyfeiriad awdurdodyddiaeth. Arddelwyd y wedd rhyddfrydol ar genedlaetholdeb yn eang yn Ewrop y bedwaredd ganrif ar ddeg yn ngwleidyddiaeth gwŷr fel Mazzini[4] ac yn ysgrifau athronwyr fel John Stuart Mill.[5] Fe'i hamddiffynwyd yn ail hanner yr ugeinfed ganrif gan nifer o feddylwyr rhyddfydol amlwg, gan gynnwys Isiah Berlin,[6] ac yn fwy diweddar mae gweithiau megis *Why Nationalism* gan Yael Tamir[7] wedi ceisio amddiffyn cenedlaetholdeb ryddfrydol yn erbyn cenedlaetholwyr adain dde poblyddol a beirniaid rhyddfrydol fel ei gilydd.

Yn eu sêl, y mae gwrthwynebwyr rhyddfrydol cenedlaetholdeb weithiau wedi camliwio meddylwyr arbennig sydd fel mater o ffaith yn feirniadol o genedlaetholdeb adain dde ac sydd mewn gwirionedd yn cynnig gwrthddadleuon iddo. Nid ffenomen ddiweddar yw hon chwaith. Mae'r fath gamliwio yn amlwg iawn mewn agweddau academaidd Prydeinig tuag at yr athronydd Almaenig Hegel, oedd am ei gysylltu gyda'r ffurf beryclaf ar genedlaetholdeb, gan hyd yn oed ei ddisgrifio fel tad deallusol Sosialaeth Genedlaethol yr Almaen. Mae ailystyried agwedd Hegel tuag at genedlaetholdeb yn gymorth i ddangos mor hawdd y gall camddehongliadau gael eu lliwio gan yr hyn sydd ar frig ein sylw ar y pryd – perygl y rhybuddiodd Hegel yn ei erbyn. Mae hi hefyd yn fuddiol i ystyried beth sydd gan Hegel i'w ddweud am genedlaetholdeb oherwydd mae'n cynnig golygon treiddgar a phwysig sy'n gymorth i ddadansoddi cenedlaethodeb adain dde cyfoes.

Gellir olrhain yr agwedd feirniadol at Hegel yn ôl i dridegau cynnar a phedwardegau'r ganrif ddiwethaf, a'i gosod yn erbyn cefndir o deimladau gwrth-Almaenig yn y wlad hon. Nid aeth y beirniadu heb ei herio, fodd bynnag. Cafwyd amddiffyniad clir a dysgedig o Hegel, a lwyddod i wrthwynebu'r beirniadu yn effeithiol iawn, gan T. M. Knox,[8] a fyddai maes o law yn cyhoeddi cyfieithiad Saesneg dylanwadol iawn o lyfr pwysicaf Hegel ar athroniaeth wleidyddol, *The Philosophy of Right*. Serch hynny, ymhlith llawer o athronwyr Prydeinig, gan gynnwys rhai amlwg fel Bertrand Russell, fe barhaodd y farn mai Prwsiad militaraidd gwrthwynebus i ryddid a chyfaill gormes oedd Hegel.[9] Er mor ddifrifol oedd y beirniadaethau camarweiniol hyn, cawsant eu bwrw i'r cysgodion gan ymosodiad ymfflamychol Karl Popper yn *The Open Society and its Enemies*,[10] lle mae'n cyhuddo Hegel o fod yn genedlaetholwr adweithiol gelyniaethus tuag at ddiwygiadau rhyddfrydol ac o blaid y mesurau mwyaf gormesol.

Daeth yr ysgrifau hyn â chyfnod rhyfedd yn hanes derbyniad Hegel yn y byd Eingl-Sacsonaidd i uchafbwynt, sef cyfnod rhwng yr ymdriniaeth ddeallus a chefnogol a gawsai gan yr Hegeliaid Prydeinig ar derfyn y bedwaredd ganrif ar bymtheg a dechrau'r ugeinfed ganrif a'r ailgynnau eang mewn diddordeb dwys yn ei waith yn saithdegau'r ugeinfed ganrif.[11] Cafwyd yr amddiffyniad mwyaf pwerus o Hegel yn wyneb y cyhuddiadau yn ei erbyn gan Shimo Avinieri[12] a ddadleuodd nad oedd Hegel yn genedlaetholwr o gwbl, a'i fod yn hollol wrthwynebus i'r cenedlaetholdeb brwd a fynegwyd gan lawer o'i gyfoeswyr.

Yn ôl Avinieri, mae dweud nad oedd syniadaeth Hegel yn gefnogol i genedlaetholdeb yn gosod y mater yn rhy ysgafn. Gwrthwynebai Hegel genedlaetholdeb gyda phendantrwydd am iddo gredu ei fod yn ei hanfod yn wrth-resymaidd, ac wrth wneud hynny rhoddodd fynegiant i draddodiad mewn syniadaeth wleidyddol Gorllewinol sy'n wrthwynebus i'r hyn sy'n greiddiol i syniadaeth cenedlaetholdeb. Yn ôl y safbwynt hwnnw mae cenedlaetholdeb yn wrth-resymaidd am iddo gael ei sylfaenu ar olwg chwedlonol o'r gorffennol a dealltwriaeth gul a phlwyfol o'r presennol.

Gosodir trafodaeth Hegel o genedlaetholdeb ar genedlaetholdeb Ramantaidd diwedd y ddeunawfed ganrif a dechrau'r bedwaredd ganrif ar bymtheg yn yr Almaen. Cymerodd y mynegiant o'r cenedlaetholdeb hwnnw sawl ffurf, llenyddol a diwylliannol yn ogystal â gwleidyddol, ffurfiau a gydfodolai'n anesmwyth â'i gilydd ar brydiau. Byddaf yn canolbwyntio ar genedlaetholdeb gwleidyddol yn yr erthygl hon, ond byddaf yn trafod pwysigrwydd materion diwylliannol yn fyr tua'r terfyn.

Llesteirwyd cenedlaetholdeb gwleidyddol yn yr Almaen ar ddechrau'r bedwaredd ganrif ar bymtheg gan y ffaith nad oedd yr Almaen yn uned wleidyddol. Fe'i rhannwyd yn nifer o wladwriaethau canolig eu maint megis Prwsia, Bafaria a gwladwriaeth frodorol Hegel, Wurtenburg, a llu o rai llai heb unrhyw awdurdod llywodraethol canolog. Dywedid yn aml bryd hynny mai bodoli fel syniad yn unig a wnai'r Almaen. Serch hynny bu i'r syniad o un wladwriaeth Almaenig gyfunol ennill tir ar ddiwedd y ddeunawfed ganrif, a chafod hwb disymwth a dramatig ar ddechrau'r bedwaredd ganrif ar bymtheg gyda goresgyniad Ffrengig y tiriogaethau Almaenig. Ystyrid brwydr Jena (1806), pan drechodd lluoedd Napoleon fyddinoedd Prwsia a'i chynghreiriaid, fel trobwynt gan lawer o Almaenwyr a ddyheai am un wladwriaeth gyfunol a roddai fynegiant i werthoedd y genedl Almaenig.

Ffigwr amlwg yn ymddangosiad cenedaetholdeb gwleidyddol Almaenig oedd J. G. Fichte. Roedd *Anerchiadau i'r Genedl Almaenig* Fichte, a draddodwyd fel cyfres o ddarlithoedd yn Berlin yn 1807-8, ac a fwriadwyd fel galwad i Almaenwyr i uno yn dilyn gwaradwydd Jena, yn cynnwys holl elfennau hanfodol y cenedlaetholdeb gwleidyddol newydd. Yr oedd blaenoriaeth i iaith a'r diwylliant unigryw a ddeillia ohoni yn ganolog i'r cenedlaetholdeb a hyrwyddai. Fe unir pobl sy'n rhannu iaith gan rywbeth dwys a dwfn y tu hwnt i reswm cyffredin.

Nid yw'r fath agwedd o angenrhaid yn neilltuolaidd,

ond y genedl Almaenig yn benodol oedd consyrn Fichte, nid cenhedloedd yn gyffredinol. Bwriadwyd ei ddarlithoedd i ysbrydoli'r Almaenwyr gydag ymwybyddiaeth ddwysach o'u hunaniaeth. I gyrraedd y nod hwnnw mae'n dadlau fod gan y genedl Almaenig alwad arbennig i adfer diwylliant dynoliaeth – galwedigaeth y bydd eu rhinweddau arbennig hwy, ac yn enwedig felly rôl colynnol eu hiaith,[13] yn eu gwneud yn alluog i'w chyflawni. Mae'n eu gwrthgyferbynnu â chenhedloedd eraill sydd gyda iaith darddiadol ac israddol:

> Sieryd yr Almaenwyr o hyd iaith fyw, a gwnaethant hynny fyth ers iddi lifo allan o natur, tra bydd y llwythi Tiwtonig eraill yn siarad iaith sy'n symud ar y wyneb, eto'n farw yn y gwraidd.[14]

Wrth ddadlau fel hyn y mae Fichte yn pwysleisio pwysigrwydd cymuned, cysyniad sy'n bwysig i syniadaeth cenedlaetholdeb rhyddfrydol ac anrhyddfrydol fel ei gilydd. Maentumia'r cenedlaetholwr mai trwy berthyn i bobl sydd â hanes arbennig ganddynt y caiff bywydau dynion a menywod unigol ystyr a strwythur, ac o hyn gallant lunio eu hunaniaeth a'u gwerthoedd dyfnaf.

O safbwynt cenedlaetholwyr fel Fichte, rhan o apêl meddylfryd fel hyn yw fod y gymuned, yn wahanol i ddamcaniaethau ac afer yr *ancien régime*, heb ei diffinio yn nhermau hawl y brenin, i'r hwn y mae'r bobl yn perthyn fel ei eiddo. A defnyddio'r math o iaith grefyddol sy'n fynych yn nodweddu syniadaeth cenedlaetholdeb mewn cyd-destun fel hwn, y bobl eu hunain yw creawdwyr a chynhalwyr eu diwylliant. Cytuna pob math o genedlaetholdeb y gall unigolion gael y cyfle i ddatblygu fel bodau dynol yn unig i'r graddau y cânt fyw yn llawn fel aelodau o'u cymuned naturiol eu hunain.

Roedd Hegel o'r un farn, sef bod cymuned yn hanfodol bwysig, ac mae'n sôn am naturioldeb perthyn i gymunedau penodol mewn lleoedd, ac ar gyfnodau, arbennig. Ar ben hynny, fel y cenedlaetholwr, tynna sylw at natur organig y cymunedau hyn a ffurfiwyd dan amodau hanesyddol. Ni chawsant eu creu gan ewyllys ymwybodol eu trigolion – mae'n ddirmygus o ddamcaniaethau cyfamod cymdeithasol – ond ymddangosasant fel rhan o broses hanesyddol nad oes gan ewyllysiau unigol unrhyw reolaeth drosti.

Mae'r pwyslais hwn ar y syniad fod hanes yn datblygu fel llinell anochel yn tanlinellu'r pwynt nad oedd anesmwythyd Hegel ynglŷn â rhai agweddau o genedlaetholdeb Almaenig yn adwaith difeddwl un oedd am weld adferiad y gorffennol cyn-Chwyldroadol. Mae cyfundrefn Hegel yn bendant yn rhan o foderneddd, yn wir mae'n un o'r elfennau sy'n cyfrannu at ddatblygiad a mynegiant o'r bydolwg modern ac un o'r rhesymau pam fod ei ymwneud beirniadol â syniadaeth cenedlaetholdeb o'r pwys mwyaf. Roedd Hegel yn awyddus i gynnig dealltwriaeth newydd a gwell o fywyd gwleidyddol fel y gallai'r dyhead am fwy o ryddid gael ei wireddu, a chyfyd ei feirniadaeth o genedlaetholwyr, fel Fichte yn rhannol, o argyhoeddiad nad oedd y cenedlaetholwyr wedi mynd yn ddigon pell i'r cyfeiriad hwnnw.

Gwnaeth y Chwyldro Ffrengig a llywodraeth Napoleon a'i dilynodd argraff ddofn ar Hegel, a hynny i raddau am eu bod yn ei farn ef yn cynnig cyfle i Ewrop yn gyffredinol, a'r Almaen yn benodol, y cyfle i foderneiddio a mabwysiadu gwerthoedd rhyddhaol. 'Bore 'ma gwelais yr Ymerawdwr Napoleon' meddai mewn llythyr a ddyfynnwyd yn fynych, 'yr Enaid-y-Byd hwnnw, yn marchogaeth drwy'r dref i barêd. Mae'n deimlad godidog i i weld personoliaeth yn rheoli'r byd cyfan ar gefn ceffyl... Mor wych yw e'!'[15]

Mae'r sylwadau hyn yn berthnasol iawn yng nghyd-destun cenedlaetholdeb, gan iddynt gael eu hysgrifennu yn union wedi brwydr Jena. Yn wahanol i lawer o ddeallusion Almaenig, gan gynnwys Fichte, a welai'r frwydr hon fel gorchfygiad i bobl yr Almaen ac a gynhyrfwyd i frwdfrydedd cenedlaetholgar, fe argraffwyd ar Hegel y posibilrwydd o ryddid ac ymoleuad y credai ef a gynigid i bobl yr Almaen gan fuddugoliaeth Napoleon. Pan drechwyd Napoleon maes o law, er llawenydd i genedlaetholwyr Almaenig, roedd Hegel yn ddigalon.[16]

Eithr ni chafodd Hegel ei ddallu gan ei agwedd gefnogol at Napoleon i'r problemau dwys a achosodd y Chwyldro Ffrengig, a'r ymgais a'i dilynodd i allforio delfrydau chwyldroadol. Ymgais yw prif waith Hegel mewn athroniaeth wleidyddol, *Athroniaeth Iawnder*, i gynnig dadansoddiad o sut y gallai'r cymdeithasau mwyaf datblygedig yn Ewrop wedi 1815 ddod i delerau â'r realiti newydd a agorwyd iddynt yn wyneb eu profiad o'r Chwyldro a'r Ymerodraeth. Yr oedd disodli'r hen drefn, ym marn Hegel, yn elfen hanfodol i ddatblygiad y byd modern. Yr oedd yn caniatáu sefydlu trefn fwy rhesymaidd o lywodraeth a chymdeithas, a'r posibilrwydd o ffordd o fyw mwy rhesymol. Ond fe welodd hefyd ymddangosiad ffurf newydd o drefn cymdeithasol lle ystyrid rhyddid unigol yn agwedd fwy canolog mewn cymdeithas, ac fe anesmwythwyd Hegel gan hynny. Nid yw hynny'n golygu fod Hegel yn wrthwynebus i ryddid unigol fel y cyfryw. Yr hyn yr oedd am rybuddio yn ei erbyn oedd y perygl y byddai camddealltwriaeth o ryddid yr unigolyn yn arwain at ddibrisio'r syniad o gymuned i'r graddau y byddai pobl yn gynyddol ynysig ac yn ymddieithro oddi wrth ei gilydd.

Mae'n debyg mai gyda'r ddadl hon y daw agosaf at syniadaeth cenedlaetholdeb. Un o'r rhesymau pam y llwyddodd cenedlaetholdeb i gael dylanwad mor eang yn ystod y ddwy ganrif ddiwethaf yw ei fod i'w weld yn cynnig ateb i broblem a gyfyd yn natblygiad cymdeithas fodern, mater yn wir a ddaeth yn broblem ganolog yn y sefyllfa fodern. Tynnwyd sylw yn fynych at y teimlad o ymddieithriad ac ynysigrwydd a welir yn aml fel un o brif agweddau'r bywyd modern. Cynigiwyd sawl eglurhad am yr ymddieithro hwn, ond y mae'r teimlad o arwahanrwydd, diwreiddio ac o beidio perthyn yn deillio, medd lladmerwyr cenedlaetholdeb, o ideoleg ac arfer unigolyddol cymdeithasau cyfalafol, rhyddfrydol modern. Yn y cymdeithasau hyn mae pobl yn unigolion atomigaidd: torrwyd y rhwymau traddodiadol gyda'r gymuned ehangach, hyd yn oed gyda'r uned deuluol draddodiadol.

Ar waethaf y gwahaniaethau sylweddol mewn pwyslais a chymhwysiad ymhlith cenedlaetholwyr, bu'r ymosodiad ar unigoliaeth bob amser yn ganolog i'w hymgyrch. Yr oedd hyd yn oed Mazzini, a ystyrir yn aml fel yr enghraifft *par excellence* o genedlaethwr rhyddfrydol ei fryd, yn gweld unigolyddiaeth fel problem i'w goresgyn, fel y dengys y dyfyniad, iasol braidd, isod:

> Cyfrwng yn unig yw rhyddid: gwae chi a'ch dyfodol os byth y dewch i arfer ei ystyried fel diben ynddo'i hun. Y mae gan eich bodolaeth fel unigolyn ddyletswyddau a hawliau na ddylech fyth eu hildio i unrhywun; ond gwae chi a'ch dyfodol os byth y bydd y parch sy'n ddyledus arnoch tuag at yr hyn a'ch gwnaeth yr unigolyn ag ydych yn dirywio a dod yn egotistiaeth dinistriol! Nid negyddiad o bob awdurdod yw eich rhyddid; negyddiad yw o bob awdurdod nad yw'n cynrychioli amcan cyfunol y Genedl, ac sy'n cymryd arno i sefydlu a chynnal ei hun ar unrhyw sylfaen ond eich cydsyniad rhydd a digymell.[17]

Teimla Hegel yr un amesmwythyd ynglŷn ag unigoliaeth ac y mae ei feirniadaeth o Locke a rhyddfrydwyr modern cynnar eraill yn rymus ar y pwynt hwn. Y mae ei ymosodiad ar yr hyn a ddeil ef sydd yn wiriondeb cysyniadol a hanesyddol y damcaniaethau cyfamod cymdeithasol yn ganolog i'w anghydwelediad â rhyddfrydiaeth ac â datblygiad ei ddamcaniaeth arbennig ei hun:

Os cymysgir rhwng y wladwriaeth a chymdeithas sifil, a'i phwrpas yn cael ei weld fel diogelu ac amddiffyn eiddo a rhyddid personol [yr elfen greiddiol yn namcaniaeth wleidyddol Locke], buddiannau unigolion fel y cyfryw fydd diben y cyfuno; o hyn mae'n dilyn mai mater dewisol yw'r wladwriaeth. Ond mae perthynas y wladwriaeth â'r unigolyn yn hollol wahanol. Gan mai ysbryd gwrthrychol yw'r wladwriaeth, dim ond drwy fod yn aelod o'r wladwriaeth y caiff yr unigolyn wrthrychedd, gwirionedd a bywyd moesol.[18]

Datblygir cred Hegel fod pobl yn iawn i gael teimlad dwys o berthyn ac o ymrwymiad i'r fath gymunedau ymhellach yn ei sylwadau ar wladgarwch yn 'Athroniaeth Iawnder'. Dengys yno ei fod yn cymeradwyo'r uniaethiad emosiynol dwys sydd gan bobl yn fynych gyda'u cymdeithas:

Deëllir gwladgarwch yn fynych i olygu dim arall ond y parodrwydd i gyflawni aberth a gweithredoedd anghyffredin. Ond yn ei hanfod agwedd ydyw sydd dan amodau ac amgylchiadau cyffredin bywyd bob amser yn gwybod mai'r gymuned yw'r sail sylweddol a'r diben. Yr un ymwybyddiaeth, a brofwyd dan holl amgylchiadau bywyd cyffredin, sydd wrth fôn y parodrwydd i ymdrechu i'r eithaf.[19]

Gwladgarwch, y teimlad o berthyn i'w gymuned, yw hanfod ymwneud yr unigolyn â hi, ei derbyn a chael ein derbyn ganddi. Nid yw'n ddramatig, ond fe'i teimlir yn ddwfn. Rhan yw o'r hyn mae'n ei olygu i fod y person arbennig, wedi ei wneud a'i ffurfio gan y gymdeithas honno, gymaint felly fel ag ei fod i raddau helaeth yn ddiymwybod:

Nid yw'n taro rhywun sy'n cerdded y stryd yn ddiogel gyda'r nos y gall fod fel arall, oherwydd mae'r arfer o fyw mewn diogelwch wedi dod yn ail natur a phrin y byddwn yn aros i ystyried mai effaith sefydliadau arbennig ydyw. Mae'r darlun cysyniadol o'r wladwriaeth yn fynych yn dychmygu mai grym sy'n ei dal wrth ei gilydd, ond yr hyn a'i deil wrth ei gilydd yw'r teimlad gwaelodol o drefn sydd gan bawb.[20]

Mae'n bwysig i beidio dehongli cysyniad Hegel o wladgarwch fel un sy'n golygu fod yr unigolyn yn israddol i'r wladwriaeth, fel pe bai'n cefnogi rhywbeth tebyg i ideoleg Sosialaeth Genedlaethol. I Hegel mae gwladgarwch yn golygu rhywbeth llawer mwy heddychlon, diniwed hyd yn oed, fel yr awgryma'r cyfeiriad at gerdded y stryd yn ddiogel gyda'r nos a'r teimlad gwaelodol o drefn sydd gan bawb. Fel y maentumia Lydia Moland, mae'r cysyniad o wladgarwch fel y caed ef gan Hegel yn 'gyfuniad cymhleth o'r lleol, y global, y moesol a'r gwleidyddol',[21] sy'n tanlinellu'r uniaethu gyda chymunedau lleol, ac ymrwymiad iddynt hwy, lawn cymaint ag i wladwriaeth mwy amhersonol a phell.

Gwnaed defnydd o wladgarwch, yn wir, gan genedlaetholwyr adain dde fel dull o ennyn cefnogaeth i'w safbwynt gwleidyddol, ac yn fynych maent wedi cyfeirio at ogoniannau dychmygol y gorffennol neu'r canfyddiad o gam a gaed o law eraill. Wrth wneud hynny ceisiasant greu teimlad o gymuned o'u portread hwy o'r gorffennol, proses sydd â pheryglon yn perthyn iddi. Mewn ymateb, mae rhai haneswyr a damcaniaethwyr gwleidyddol wedi dadlau, gan fod y prosesau hyn eu hunain yn greadigaeth cyfnodau hanesyddol arbennig, fod a wnelo'r dehongliadau a gynigiant lawn cymaint â'r amgylchiadau gwleidyddol presennol ag â'r gorffennol. Nid yw'n dilyn o'r ddealltwriaeth hwn o genedlaetholdeb fod pob agwedd o ddehongliad cenedlaetholwr o'i hanes ef neu hi yn anghywir, ac ni ddylid ystyried fod damcaniaethau cenedlaetholwyr yn ddim mwy na phropoganda a ddyfeisiwyd yn sinigaidd i gyfiawnhau polisïau tramor ymosodol neu erlid lleiafrifoedd ethnig. Serch hynny, mae'r ffaith ein bod yn deall mai cynnyrch grymoedd a syniadau lled ddiweddar yw hunaniaethau cenedlaethol, yn hytrach nag ail-ddarganfyddiad o ddirweddau hynafol (fel y dadleuai Fichte, er enghraifft), yn sicr o ddylanwadu ar ein hagwedd tuag atynt. Mwy fyth felly pan ystyriwn fod cymunedau cenedlaethol arbennig weithiau wedi ail-lunio eu gorffennol er mwyn cyfiawnhau i'w hunain yr hawl i weithredu mewn ffyrdd na fyddai fel arall yn dderbyniol. Bu dadleuon gwrthdrawiadol y Serbiaid, y Croasiaid a Mwslemiaid Bosnia parthed gorffennol cydgysylltiedig eu cenhedloedd, a'r defnydd a wnaed o'r dadleuon hynny yn y brwydro cyd-ddinistriol pan ddaeth Iwgoslafia i ben, yn cynnig tystiolaeth sobreiddiol o hyn.

Bydd rhai yn mynd â'r ddadl ymhellach ac am honni fod dadleuon cenedlaetholwyr yn anrhesymol, ac o ganlyniad, yng ngeiriau'r hanesydd Eric Hobsbawm, 'ni all unrhyw hanesydd cenhedloedd sydd o ddifrif fod yn genedlaetholwr gwleidyddol'.[22] Er na fyddai Hegel o angenrheidrwydd wedi cytuno â safbwynt mor radical, y mae'n rhannu'r pryder ynghylch apêl yr anrhesymol yn syniadaeth cenedlaetholdeb. Daw hyn â ni at graidd athroniaeth wleidyddol Hegel – bod y wladwriaeth fodern yn ymgorfforiad o reswm.

Mae'n baradocs fod Hegel mor aml wedi cael ei weld fel amddiffynnydd agwedd anrhesymol i gymdeithas a gwleidyddiaeth, ac yn wir i realiti yn gyfan gwbl. Rhaid cyfaddef fod hyn i'w briodoli yn rhannol i arddull dywyll Hegel, ond mae hefyd yn gysylltiedig â'r ffaith fod ei fetaffiseg ddamcaniaethol ym marn sawl esboniwr yn perthyn i hen fyd olwg. Mae Avineri yn diystyru metaffiseg Hegel,[23] a honna Beiser, yn y bennod y cyfeiriwyd ati yn gynharach, fod astudiaethau mwy diweddar o Hegel yn anwybyddu'r metaffiseg a chanolbwyntio mwy ar ei syniadaeth wleidyddol a chymdeithasol.[24] Fel Beiser, credaf mai camgymeriad yw hyn; mae perygl i ni gamddehongli'r syniadaeth wleidyddol wrth geisio gwahanu'n artiffisial yr athroniaeth wleidyddol a'r metaffiseg mewn cyfundrefn fel un Hegel.

Mae'n rhaid cyfaddef nad yw cysyniad allweddol y metaffiseg

hwn, y syniad o ysbryd, gyda'r hawsaf i gael gafael arno, gyda'r canlyniad ei fod wedi bod yn destun dadleuon ysgolheigaidd, sydd mewn ambell achos wedi ychwanegu at y dryswch. Anodded ag yw'r cysyniad, mae'r syniad o ysbryd mor bwysig yn athroniaeth Hegel yn gyffredinol, a'i athroniaeth wleidyddol yn benodol, fel y bydd yn rhaid i ni yn awr ei ystyried yn fyr.

Un o'r ffyrdd hwylusaf i gael gafael ar y cysyniad yw drwy'r defnydd a wna Hegel ohono wrth egluro'r syniad o hanes. Cred Hegel ym mlaengaredd hanes. 'Mae gan y ddynoliaeth [o'i gwrthwygyferbynnu â'r byd naturiol] y gallu i newid, a newid er gwell, i gyrchu at berffeithrwydd.'[25] Yn y cyrchu hwn tuag at berffeithrwydd mae ysbryd yn gweithio allan ei ddibenion, gyda bodau dynol, ac yn arbennig felly syniadau dynol, yn chwarae rhan colynnol.

Mae hyn yn union a olyga Hegel gyda'r term 'ysbryd' wedi bod yn fater dadlau ers ei ddyddiau ef ei hun. Mae rhai awduron wedi ei weld fel cysyniad sy'n agos i'r syniad Cristnogol o Dduw, ac y mae Hegel yn bendant yn defnyddio ieithwedd theistaidd draddodiadol yn y cyswllt hwn, er mae'n sicr nad oedd yn Lwtheriad uniongred, ar waethaf y ffaith iddo weithiau roi'r argraff ei fod.[26] Y broblem gydag uniaethu ysbryd gyda'r cysyniad Cristnogol o Dduw yw fod Hegel yn maentumio fod ysbryd yn datblygu, ac felly yn newid; syniad anghyson â theistiaeth Gristnogol draddodiadol. Mae'r syniad o newid yn ganolog i holl athroniaeth Hegel ac wedi ei ffocysu ar y cysyniad o ddilechtid.

Mae'r cysyniad hwn (sydd yn ei ffordd ei hun yr un mor gymhleth â'r cysyniad o ysbryd) yn pwysleisio fod gan bopeth groesebau mewnol sydd, wrth iddynt weithio eu hunain allan, yn esgor ar realiti newydd a rhagorach. Ceir un o'r enghreifftiau cliriaf gan Hegel yn ei drafodaeth ar gyfnodau gwahanol hanes ar derfyn *Athroniaeth Iawnder*.

Y mae, meddai, bedwar o brif gyfnodau dilynol yn hanes y ddynoliaeth. Y cyntaf o'r rhain yw teyrnasoedd y dwyrain, cymdeithas fonolithig lle nad yw ewyllys neb ond y teyrn o bwys. Bydd darostwng rhyddid unigolion yn arwain at densiynau oddi fewn i'r gymdeithas, a hynny yn arwain maes o law at ei dymchwel a'i chyfnewid am ffurf rhagorach ar gymdeithas – cymdeithas Groeg. Bydd teimlad rhagorach o hunaniaeth a rhyddid yn nodweddu cymdeithas Groeg ond fe'i difwynir gan raniadau. Mae tensiwn anesmwyth rhwng y lleisiau o blaid rhyddid unigol a'r lleisiau o blaid undeb cymdeithasol. Mae'r tensiwn hwn yn arwain at ddymchwel y gymdeithas hon, a ddisodlir gan y gymdeithas Rufeinig. Nodweddir cymdeithas Rufeinig gan ryddid unigol mwy eithafol, sy'n dirywio i fod yn hunanoldeb gyda diffyg consyrn cymdeithasol. Dan amodau felly, ni ellir dal cymdeithas at ei gilydd ond yn pen draw gyda llywodraethau awdurdodol. Bydd hyn yn arwain at densiynau cynyddol rhwng y rheolwyr a'r bobl a reolir ganddynt a bydd cymdeithas Rufeinig yn dymchwel a chael ei disodli gan y pedwerydd cyfnod, yr uchaf, y deyrnas Ellmynig.[27] Dyma'r pwynt lle bydd yr unigolyn a chymdeithas yn cydnabod eu bod yn gyd-ddibynnol ac yn cydweithio mewn harmoni.[28]

Y peth pwysicaf am yr adroddiad uchod i'n diben ni yn awr yw'r ffordd y mae'n egluro cred Hegel fod hanes yn datblygu. Nid yw'r deyrnas Ellmynig yn unig yn ddiweddarach na'r teyrnasoedd Dwyreiniol, Groeg a Rhufeinig, mae'n rhagori arnynt. Mae'n rhagori'n arbennig ac yn fwyaf sylfaenol oherwydd ei bod yn gymdeithas mwy rhesymaidd, ac oherwydd ei bod yn rhesymaidd mae hefyd yn gymdeithas mwy rhydd, lle caiff pobl y cyfle gorau i ddatblygu eu potensial.

Bydd Hegel yn sôn am yr hanes blaengar hwn fel 'arddangosiad a gwireddiad o'r ysbryd cyffredinol'[29] ac yn maentumio fod ysbryd fel y cyfryw mewn cyfnodau diweddarach o hanes yn cyrraedd man uwch yn ei ddatblygiad yntau.[30] Oherwydd y goblygiadau gwrth-theistaidd amlwg hyn, mae rhai awduron megis Francis Fukuyama wedi dehongli ysbryd mewn ffordd llawer mwy seciwlar, gan weld ysbryd fel ymwybyddiaeth gyffredinol yn unig.[31] Cyfyd hyn ei broblemau ei hun, yn rhannol oherwydd mae'n ailwampiad sylweddol o'r syniad mewn termau seciwlar modern na fyddai Hegel yn debygol o'i gweld yn berthnasol i'w brosiect. Yn bwysicach, mae'r fath ddehongliad mewn perygl o danseilio argyhoeddiad dwfn Hegel fod datblygiad rhesymaidd yn cael ei gyfeirio, syniad a drafodir ganddo (yn eithaf dadleuol) yn nhermau rhagluniaeth.

Daw'r hyn a olyga Hegel wrth ryddid yn gliriach pan ystyriwn ei drafodaeth ar fywyd moesol, sef adran helaethaf (traean) *Athroniaeth Iawnder*. Drwy 'bywyd moesol' golygir dau beth sydd â pherthynas â'i gilydd. Yn gyntaf ceir bywyd moesol 'gwrthrychol', sef sefydliadau a threfn cymdeithasol sy'n fynegiant o natur resymaidd cymdeithas. Trafodir rhain yn nhrydedd adran *Athroniaeth Iawnder* dan y penawdau cyffredinol, teulu, cymdeithas sifil a'r wladwriaeth. Yn ail ceir bywyd moesol 'goddrychol', a ddisgrifir ganddo weithiau yn nhermau cydwybod.[32] Golyga hyn y modd y mae unigolion yn medru derbyn o'u gwirfodd yr egwyddorion sy'n llywio sefydliadau cymdeithas. Mewn geiriau eraill, mae'r bywyd moesol yn cyfuno sefydliadau cymdeithasol rhesymaidd a pharodrwydd aelodau unigol o'r gymdeithas i dderbyn y sefydliadau hynny. Yn ôl Hegel dim ond mewn cymdeithas sy'n gweithredu ar sail felly y gall person fod yn rhydd.

Yn awr, fe all hyn ymddangos yn amheus. Mae cysylltiadau tywyll i'r ymadrodd 'derbyn o wirfodd'. Fe'n tueddir i feddwl am sefyllfaoedd lle cafodd pobl eu cyflyru neu eu camarwain gan ddylanwadwyr ideolegol, neu, yn syml, eu bygwth i gydfynd â'r ethos llywodraethol. Ond nid dyma oedd gan Hegel mewn golwg o gwbl. Byddai'n sicr yn gwrthod y gallai unrhyw gymdeithas o'r fath fod yn rhesymaidd, heb son am fod rhydd. I'r gwrthwyneb, drwy ddiffiniad ni allai cymdeithas lle nad oedd nifer helaeth o'i haelodau yn rhydd i feddwl drostynt eu hunain fod yn gymdeithas resymaidd.

O safbwynt rhyddfrydiaeth, mae dealltwriaeth Hegel o ryddid yn sicr yn amheus, oherwydd fel y gwelsom, nid oedd yn dadlau o blaid dehongliad unigolyddol o ryddid, ond yn hytach yn dadlau mai dim ond pan fyddant yn chwarae rhan llawn ym mywyd eu cymuned y bydd bobl yn wirioneddol rydd. Ymwrthod â'r dehongliad hwn o ryddid sydd wrth wraidd yr ymosodiad rhyddfrydol ar beryglon cynhenid cenedlaetholdeb, a phaham fod beirniaid llai gofalus Hegel wedi ei gyhuddo o gefnogi cenedlaetholdeb o'r math gwaethaf. Ond haeru rhywbeth cyn ei brofi yw hynny. Ceisiodd Hegel ddangos nad oes cysylltiad o reidrwydd rhwng ei farn ef ar berthynas y gymuned â'r unigolyn ag afresymedd trin pobl fel pe baent yn israddol am nad ydynt yn siarad yr un iaith neu, a rhoi enghraifft fwy modern, am fod lliw eu croen yn wahanol. I'r gwrthwyneb i hynny, mae cymdeithas amlieithog nad yw'n rhoi sylw i liw croen yn fwy rhesymaidd o lawer.

Mae angen ehangu tipyn ar y pwynt olaf. Coleddai Hegel agweddau Ewro-ganolog ei oes, ac yn sicr byddai wedi ystyried pobloedd nad oeddynt yn Ewropeaidd, yn enwedig Affircanwyr, fel rhai israddol. Ond, fel y dadleuodd Darrell Moellendorf,[33] gwyriad ar ei ran, sydd yn anghyson â daliadau canolog ei athroniaeth wleidyddol, yw hynny. Mae ei wrthwynebiad i wrth-Semitiaeth yn fwy unol â'i syniadaeth gyffredinol ac yn safbwynt anarferol o flaengar yn ei ddydd. Mae un sylw ar Iddewon yn *Athroniaeth Iawnder* yn arbennig o ddiddorol:

Mae bod dynol yn cyfrif fel y cyfryw oherwydd mai bod dynol ydyw, nid oherwydd ei fod yn Iddew, Pabydd, Protestant, Almaenwr, a.y.y.b.[34]

Ar gwestiwn iaith a diwylliant, yr oedd yn ddi-dderbyn-wyneb hefyd, gan ysgrifennu yn ddirmygus braidd mewn gwaith cynharach, *Y Cyfansoddiad Almaenig*, yn erbyn y sawl a honnai na ellid cael cymdeithas oni bai y gosodid un iaith a diwylliant arni:

> Yn ein dydd ni gall y cyswllt rhwng aelodau gwladwriaeth yn nhermau arferion, addysg, iaith, fod braidd yn llac, neu beidio bod o gwbl. Ystyrir hunaniaeth yn y pethau hyn, a welwyd ar un adeg fel sylfaen undod pobl, bellach fel nodweddion sydd heb fod yn rwystr i'r trwch ffurfio awdurdod cyhoeddus... mae gwahaniaethau o ran diwylliant ac arferion yn gynnyrch rheidiol yn ogystal â bod yn amod rheidiol sefydlogrwydd gwladwriaethau modern.[35]

Mae'r ddwy ddadl am hil ac iaith yn drawiadol iawn yn wyneb yr honiadau diweddarach fod Hegel yn broto-Ffasgydd. Yn yr achos cyntaf mae'n collfarnu gwrth-Semitiaeth a chred yn rhagoriaeth cynhenid yr Almaenwyr, gan arddel cydraddoldeb moesol pob dyn. Yn yr ail mae'n mynegi'r angen i'r wladwriaeth fodern fod yn aml-ddiwylliannol, gan ganiatáu i lu o arferion, credoau ac ieithoedd lewyrchu ochr yn ochr â'i gilydd. Nid oedd Hegel yn agos at fedru ystyried arddel cyfeiriad ac arfer cymdeithas dan amodau ffasgaeth Almaenig a mathau cyffelyb o genedlaetholdeb, maent hwy yn safbwyntiau cwbl groes i'w safbwynt ef. Maent felly oherwydd eu bod yn afresymaidd ac yn groes i wir les a buddiannau rhesymeiddiol y ddynoliaeth.

Daw gwrthwynebiad Hegel i neilltuolaeth genedlaethol i'r amlwg eto yn ei drafodaeth o'r syniad fod gan bob cymdeithas ei hanes unigryw ei hun. Oherwydd datblygiad hanesyddol ysbryd y mae gan bob cymdeithas ei nodweddion arbennig. Golyga hyn, ar un lefel, fod hanes gwahanol bob cymdeithas yn ei gwneud yn amhosibl iddynt uniaethu â'i gilydd yn foesol neu'n wleidyddol gan fod pob un wedi ei llunio gan orffennol arbennig a'r gwerthoedd a'r perspectif a ddeillia ohono. Ond ar lefel ddyfnach, yn hytrach na bod y nodweddion hyn yn arwyddo arwahanrwydd cymdeithasau, maent i'r gwrthwyneb yn dangos y cysylltiadau rhyngdynt. Datblygodd cymdeithasau diweddarach o rai cynharach, a'r hyn a aeth o'r blaen wnaeth eu ffurfiau presennol yn bosibl.

O'i berspectif mewnol ei hun, ymddengys pob cymdeithas yn gyflawn a hunangynhwysol, wrth ddilyn ei hamcanion ei hun. Eithr gall ymddangosiadau fod yn dywyllodrus, oherwydd mae grymoedd dyfnach ar waith mewn hanes, rhai na fydd aelodau unigol cymdeithasau yn ymwybodol ohonynt:

> Yn eu hymwybyddiaeth o'r realiti presennol, gyda'u holl fryd ar ei fuddiannau, hwy hefyd yw cyfryngau anymwybodol ac organau'r gweithgaredd mewnol hwnnw lle bydd y ffurfiau a gymerasant hwy yn cilio tra bydd yr ysbryd ynddo'i hun ac iddo'i hun yn paratoi a gweithio'i ffordd tuag at symud i'r cyfnod nesaf, uwch.[36]

Gwneir yr un pwynt yn *Cyflwyno Athroniaeth Hanes*:

> Dim ond cyfnodau o'r un Ysbryd Cyffredinol yn symud ymlaen mewn cyfres reidiol o gyfnodau yw nodweddion Ysbrydoedd Cenedlaethol; trwyddynt hwy cyfyd Ysbryd y Byd gan gwblhau ei hun mewn hanes i gyfanrwydd hunan dealledig.[37]

Yma mae Hegel yn cydnabod unigrywedd pob cymdeithas ond hefyd yn maentumio mai gwedd ydynt ar ddiben a nod uwch yr ysbryd. Yn hytrach na'u bod yn hollol annibynnol ar y lleill, mae pob un yn ei ffordd ei hun yn cyfrannu at ddatblygiad cyffredinol byd mwy rhesymaidd. Mae'r sylweddoliad hwn fod gan bob cenedl unigol ran yn y drefn yn arwain Hegel i bwysleisio pwynt ychwanegol, sef nad yw unrhyw gymdeithas yn barhaol, ac y bydd bob un yn cilio o lwyfan hanes unwaith y cyflawnwyd ei diben. Ni fedd unrhyw gymdeithas hawl lwyr i fodoli y tu allan i ddibenion ysbryd, ac ni all unrhyw gymdeithas barhau ar lwyfan hanes tu draw i'w chyfnod penodedig.

Yn y cyd-destun hwn y dylid deall ymdriniaeth Hegel o genhedloedd hanesyddol y byd. Nid yw ei ddefnydd o'r term

Volkgeist (y gellid ei gyfieithu fel 'ysbryd cenedlaethol') yn cyfeirio'n bennaf at wladwriaeth wleidyddol, fel y dengys y ffaith iddo wrthod y syniad o wladwriaeth Almaenig unedig. Mae Hegel yn ymhelaethu ar hyn yn adran 341 o *Athroniaeth Iawnder,* lle mae'n cyflwyno'r cysyniad o hanes byd, gan faentumio, yn unol â'i athroniaeth gyffredinol, fod ysbryd yn mynegi ei hun ar ei uchaf mewn celfyddyd, crefydd ac athroniaeth. Felly, pan ddaw cenedl i lwyfan hanes fe fydd yn ddiwylliannol ar ei huchafbwynt, ac yn arddangos gradd uchaf ysbryd yn y cyfnod hwnnw o hanes y byd.[38]

Ar wahanol gyfnodau yn natblygiad ysbryd y byd bydd gan gymdeithasau unigol eu cyfraniadau penodol i'w gwneud, medd Hegel. Pan ddaw'r amser i gymdeithas arbennig wneud ei chyfraniad hi fydd cenedl ddominyddol yr oes, y genedl fyd-hanesyddol. Mae Hegel yn glir beth fydd hynny'n ei olygu i genhedloed eraill. 'O'i wrthgyferbynnu â'r hawl absoliwt a fedd hi fel cynhaliwr cyfnod presennol datblygiad ysbryd y byd, ni fedd ysbrydoedd cenhedloedd eraill unrhyw hawl, ac fel y rhai yr aeth eu hamser heibio, nid ydynt bellach o bwys yn hanes y byd.'[39] Geiriau i beri anesmwythyd yw'r rhain gyda goblygiadau sy'n achos pryder, yn enwedig o gofio fod Hegel yn gweld rhyfela rhwng cenhedloedd mwy datblygiedig â'r rhai llai datblygiedig fel ffordd bwysig i ysbryd symud ymlaen.[40] Serch hynny, camgymeriad dybryd fyddai tybio fod yr hyn a ddywed Hegel fan hyn yn arwyddo cefnogaeth i bolisïau'r Natsïaid, fel y mynna Popper. Yn y pen draw, yr hyn sy'n cyfiawnhau gweithredu fel hyn gan genedl yw buddiant yr ysbryd cyffredinol, nid ei byddiant neu ei chymeriad cenedlaethol hi ei hun. Nid oes gan y genedl fyd-hanesyddol werth neu bwysigrwydd cynhenid rhagorach nag unrhyw genedl arall, ac unwaith y bydd wedi cyflawni'r rôl a roddwyd iddi gan yr ysbryd fe'i disodlir a bydd yn suddo yn ôl i ebargofiant.[41]

Dengys y dadleuon hyn wahaniaeth sylfaenol rhwng Hegel

â llawer o genedlaetholwyr. I Hegel, dim ond fel mynegiant o'r ysbryd cyffredinol y bydd gan unrhyw gymdeithas bwysigrwydd ac arwyddocad ar lwyfan hanes y byd. Byrhoedlog yw'r ffurfiau a gymer ysbryd mewn unrhyw gyfnod hanesyddol. Bydd y ffurfiau hynny yn bwysig i'r bobl sydd yn byw drwyddynt, ac yn gymaint a'u bod yn fynegiant o ysbryd ar adeg benodol mewn lle arbennig maent yn hanfodol, ond nid oes iddynt werth cyffredinol parhaol. Byddai Hegel wedi gwrthod y syniad fod gan unrhyw genedl ragoriaeth gynhenid dros rai eraill, ac yn enwedig fod ganddi'r hawl i arglwyddiaethu dros y gweddill fel Reich am fil o flynyddoedd. Dangos diffyg dealltwriaeth o natur hanes, a'r ysbryd a rydd iddo amcan a chyfeiriad, a wna syniad felly.

Fel y cenedlaetholwyr, mae Hegel yn cydnabod fod gan bob cymdeithas ei nodweddion a'i gwerthoedd unigryw sy'n ganlyniad i'w datblygiad hanesyddol arbennig hi. Yn groes i safbwynt mathau ymneilltuaidd o genedlaetholdeb sydd am geisio atal dylanwadau estronol a allai newid y diwylliant cenedlaethol, cred Hegel fod traws-ffrwythloniad diwylliannol yn angenrheidiol ac yn anochel. Mae hyn oherwydd mai dim ond mynegiant rhannol o ysbryd ar gyfnod arbennig mewn hanes yw pob cymdeithas. Cynnyrch cymdeithasau cynharach yw eu diwylliant presennol, ac mae ysbryd yn gyson ar waith yn newid a diwygio daliadau a gwerthoedd y presennol er mwyn symud ymlaen i'r mynegiant nesaf a rhagorach o reswm. Ni fyddai Hegel wedi cymeradwyo codi muriau i gadw allan aelodau o ddiwylliannau eraill.

Mae pwysigrwydd syniadaeth Hegel mewn perthynas â chenedlaetholdeb yn ddeublyg. Yn y lle cyntaf, mae i'w weld yn ei bwyslais ar bwysigrwydd cymuned a'r modd mae'n ymwrthod ag unigoliaeth radicalaidd sy'n tanseilio'r rhwydweithiau cymdeithasol a ddeil cymunedau wrth ei gilydd. Mae ei bortread o wladgarwch fel y teimlad hwnnw o ddiogelwch a lles a gymerir yn ganiataol ac sy'n seiliedig ar berthynas gydgefnogol unigolion gyda'r gwahanol haenau yn y gymuned y perthynant iddi, a thuag yr hon y teimlant ddyletswydd, yn dangos hynny'n amlwg. Yn yr ail le, mae i'w weld yn ei argyhoeddiad nad yw derbyn ymrwymiadau cydgefnogol ac ymwrthod ag unigoliaeth radical yn cyfiawnhau mabwysiadu polisïau anryddfrydol. Yn y wladwriaeth fodern y mae gan yr unigolyn hawliau cymdeithasol yn ogystal â chyfrifoldebau, a byddai llywodraeth gan genedlaetholwyr a geisiai eu tanseilio yn gweithredu yn annilys ac afresymaidd. Trwy ddisgrifio'r wladwriaeth fodern fel hyn mae Hegel yn atgoffa cenedlaetholwyr rhyddfrydol o'r angen i sicrhau cydbwysedd rhwng y ddwy egwyddor ac yn cynnig sail bwysig dros gondemnio gweithgareddau anryddfrydol cenedlaetholdeb adain dde.

Nodiadau

1   Hoffwn fynegi fy niolch i Gwynn Matthews am drafodaeth fuddiol ar fersiwn gynharach o'r papur hwn, ac am gyfieithu'r drafft Saesneg terfynol i'r Gymraeg.

2   George Steiner, *Language and Silence: Essays 1956-1968* (Llundain: George Allen & Unwin, ail arg., 2010), t. 277.

3   Gweler I. Kershaw, *To Hell and Back: Europe, 1914-1949* (Llundain: Allan Lane, 2015 am drawsolwg ddadlennol).

4   Joseph Mazzini, *The Duties of Man and Other Essays* (Llundain: Dent, 1907).

5   John Stuart Mill, *Considerations on Representative Government yn The Collected Works of John Stuart Mill*, Volume XIX – Essays on Politics and Society Part ii (Toronto: Llundain, 1977).

6   Isaiah Berlin, 'Nationalism: Past Neglect and Present Power' yn *Against the Current* (Rhydychen: Clarendon Press, 1979).

7   Yael Tamir, *Why Nationalism* (New Jersey: Princeton University Press, 2019).

8   T. M. Knox, 'Hegel and Prussianism', *Philosophy*, Vol. XV (1940), tt. 31-63. Esgorodd erthygl Knox ar drafodaeth fywiog – gan gynnwys cyfraniadau gan E. F. Carritt a H. D. Oakeley yn yr un gyfrol o'r cyfnodolyn Philosophy. Safai cyfieithiad Knox o *Grundlinien der Philosophie des Rechts*; *Hegel's Philosophy of Right*, a gyhoeddwyd gan Wasg Prifysgol Rhydychen yn 1942, fel y cyfieithiad Saesneg safonol nes i fersiwn Alan Woods ac R. A. Nisbett, *The Elements of the Philosophy of Right*, gael ei chyhoeddi yn 1992. Yn y papur hwn, yn dilyn dyfyniadau o *Grunglinien der Philosophie des Rechts*, cyfeiria rhif y tudalennau at gyfieithiad Saesneg Woods a Nisbet. Gweler ymhellach nodyn 18 isod.

9   Wrth drafod athroniaeth wleidyddol Hegel yn ei *History of Western Philosophy* poblogaidd, dywed Russell am athrawaeth Hegel ar y wladwriaeth, '[it] justifies every internal tyranny and every external aggression that can possibly

be imagined'. B. Russell, *History of Western Philosophy* (Llundain, 1946), t. 711.

[10] Karl Popper, *The Open Society and its Enemies,* Vol. II (Llundain, 1945), Routledge and Keegan Paul, pennod 12 'Hegel and the New Tribalism'. Awstriad oedd Popper, ond treuliodd y rhan helaethaf o'i fywyd academaidd ym Mhrydain, ac yn Saesneg yr ysgrifennodd *The Open Society* and *Its Enemies.*

[11] Gweler F. C. Beiser, (gol.) *The Cambridge Companion to Hegel and Nineteenth-Century Philosophy* (Caergrawnt: Cambridge University Press). Yn y cyflwyniad, 'Introduction: The Puzzling Hegel Renaissance', ceir trawsolwg defnyddiol o themâu mwy diweddar mewn ysgolheictod Hegelaidd gan Beiser. Dengys is-bennawd ei ragymadrodd, nad yw ysgrifennu diweddar ar Hegel heb ei broblemau, mater y dychwelaf ato'n fyr maes o law.

[12] Shlomo Aveneri, 'Hegel and Nationalism', *The Review of Politics,* Vol. 24 (1962), tt. 461-84. *Shlomo Aveneri, Hegel and the Modern State* (Caergrawnt: Cambridge University Press, 1972).

[13] Mae dylanwad iaith yn hydreiddiol, '[it] accompanies the individual into the innermost recesses of his mind'. Johann Gottlieb Fichte, *Addresses to the German Nation*, gol. Gregory Moore (Caergrawnt: Cambridge University Press, 2008), t. 58.

[14] Mae Aichele yn cynnig amlinelliad defnyddiol o brif themâu Fichte yn A. Aichele, 'Ending Individuality: The Mission of a Nation in Fichte's Addresses to the German Nation' yn D. James a G. Zöller, goln. *The Cambridge Companion to Fichte* (Caergrawnt: Cambridge University Press), tt. 248-72.

[15] Llythyr i Niethammer, Hydref 13eg 1806. Gweler Avineri (1962) t. 461.

[16] Avineri (1962) t. 462.

[17] Mazzini (1907) t. 81.

[18] G. W. F. Hegel, *Elements of the Philosophy of Right*, gol. Allen W. Wood, cyfieithiwyd gan H. B. Nisbet (Caergrawnt: Cambridge University Press, 1992), t. 276 [adran 258]. Yn y testun cyfeiriaf at y gwaith hwn fel *Athroniaeth Iawnder* a byddaf yn cyfeirio at dudalennau cyfieithiad Saesneg Nisbet. Mae rhifau'r adrannau yn gyffredin i'r rhan helaethaf o argraffiadau o'r gwaith ym mha iaith bynnag.

[19] Hegel (1992), t. 288 [adran 268].

[20] Hegel (1992), t. 289 [adran 268, ychwanegiad].

[21] Lydia L. Moland, 'History and Patriotism in Hegel's Rechtsphilosophie', *History of Political Thought*, Vol. XXVIII, No. 3 (2007), tt. 496-519.

[22] Eric Hobsbawm, Nations and Nationalism since 1780 (Caergrawnt: Cambridge University Press, ail arg, 1992), t. 12.

[23] Avineri (1962) t. 483.

[24] F. C. Beiser (2008), tt. 3-6.

[25] G. W. F. Hegel, *Introduction to the Philosophy of History*, cyfieithydd Leo Rauch (Indianapolis: Hackett, 1988).

26   Gweler Alan M. Olson, *Hegel and the Spirit: Philosophy as Pneumatology* (New Jersey: Princeton University Press, 1992) am amddiffyniad o'r safbwynt hwn a thrafodaeth ddefnyddiol ar gefndir diwinyddol syniad Hegel o ysbryd.

27   Nid yw Hegel yn cyfyngu'r deyrnas Ellmynig i diriogaethau Almaenig, ac yn wahanol i Fichte, nid yw yn dyrchafu pwysigrwydd siaradwyr Almaeneg. Mae'n cynnwys o fewn ei ffiniau ogledd a gorllewin Ewrop, a hyd yn oed Magyariaid a Slafiaid dwyrain Ewrop. [Nodyn 2 Wood i adran 325 yn Hegel (1992) t. 479).

28   Hegel (1992), tt. 377-80 [adrannau 355-60].

29   Hegel (1992), t. 360 [adran 342].

30   Hegel (1992), t. 360 [adran 343].

31   Francis Fukuyama, *The End of History and the Last Man* (Llundain: Hamish Amilton, 1992).

32   Hegel (1992), t. 185 [adran 141].

33   Darrell Moellendorf, 'Racisism and Rationality in Hegel's Philosophy of Subjective Spirit', *History of Political Thought*, Vol. XIII, Issue 2 (1992) tt. 243-55.

34   Hegel (1992), t. 240 [adran 209 – italeiddio yn y gwreiddiol].

35   G. W. F. Hegel, 'The German Constitution' yn *Hegel's Political Writings,* cyfieithiad T. M. Knox gyda chyflwyniad gan Z. A. Pelczynski (Rhydychen: Oxford University Press, 1964).

36   Hegel (1992), t. 373 [Adran344].

37   G. W. F. Hegel, *Introduction to the Philosophy of History*, cyfieithiad Leo Rauch (Indianapolis: Hackett, 1988), t. 82.

38   Cyfyd cyfieithu 'Volk' fel 'cenedl' anawsterau yng ngoleuni hanes cymhleth diweddarach y term 'cenedl', ac mae'n hawdd gweld sut y gall darllen y gair hwn arwain at gamddealltwriaeth o'i gymryd o'i gyd-destun. Yn ei gyfieithiad Saesneg mae Nisbet yn cynnig 'people' yn ogystal â 'nation' fel cyfieithiad o 'Volk', ond mae'r term 'people' (neu 'pobl' yn Gymraeg) yn broblematig hefyd oherwydd y defnydd a wna cenedlaetholdeb boblyddol ohono. (Mae gan y gair 'Volk' ei hanes cymhleth ei hun, wrth gwrs, mewn cenedlaetholdeb Almaenig diweddarach.) Mae cymhlethdodau o'r fath yn dwyn sylw at pa mor anodd yw darganfod y termau priodol i drafod y materion hyn.

39   Hegel (1992), t. 376 [Adran 351 a'r nodyn].

40   Cred Hegel hefyd fod rhyfel yn angenrheidiol er lles iechyd moesol y wladwriaeth genedlaethol, ac mae'n gwrthod syniad Kant o heddwch parhaus, nid yn unig am fod hynny'n anymarferol ond am ei fod yn annewisol. (Hegel 1992; Adran 324 Nodyn ac Ychwanegiad). Dylid ychwanegu ei fod hefyd o'r farn y dylid ymladd rhyfeloedd rhwng gwladwriaethau modern mewn dull dyngar (Hegel 1992: Adran 338 Ychwanegiad).

41   Hegel (1992), t. 374 [adran 347 nodyn].

Kant, Rawls a Gobaith mewn Gwleidyddiaeth Ryngwladol

Huw Lloyd Williams

RYDYM YN BYW MEWN amserau diddorol; rhai dychrynllyd i nifer ohonom. Mewn oes lle mae gwirionedd dan warchae, goddefgarwch yn pylu a gwleidyddion hiliol, siofinistaidd yn lluosogi, anodd yw credu ar brydiau fod cynnydd yn ein bywyd gwleidyddol yn wir bosibilrwydd – yn enwedig ar y gwastad rhyngwladol lle mae'r gwrthdaro a chasineb ar ei fwyaf amlwg. Ystyriwch hefyd gefnlen yr argyfwng hinsawdd, ac anodd yw gweld rhesymau i obeithio ar ran y gymdeithas ddynol.

Ar un wedd, dyma fyfyrdod ar athroniaeth wleidyddol Kant, yn arbennig ei waith ar wleidyddiaeth fyd-eang, a'r modd mae'n goleuo meddwl un o athronwyr pwysicaf yr ugeinfed ganrif, sef John Rawls, un sydd â dylanwad parhaus ar ein meddyliau gwleidyddol cyfoes. Ar wedd arall, dyma amlygu un modd o athronyddu a myfyrio ar wleidyddiaeth ryngwladol all gynnig rheswm i obeithio, mewn oes mor llwm.

Er bod Rawls yn athronydd adnabyddus, ac yn wir, efallai'n fwy dylanwadol nag erioed gyda 'sosialaeth ddemocrataidd' yn yr UDA bellach yn rhan dderbyniol o'r *lexicon* gwleidyddol yno, ychydig iawn o sylw sydd wedi cael ei roi i'w wleidyddiaeth ryngwladol. Mae yna nifer o resymau, yn eu mysg yr ymateb beirniadol gan lawer o athronwyr a ysbrydolwyd gan Rawls. Yn ei hanfod roedd y grŵp hwn yn ystyried datblygiad ei safbwynt ar y gwastad byd-eang yn annigonol, ac yn anghyson gyda'r modd egalitaraidd y credant y dylai fod wedi trawsgyweirio ei syniadau i'r cyd-destun hwn.

Mae rhan fawr o'm diddordeb yn y gwaith diweddarach yn ymwneud ag amlygu sut y mae, mewn gwirionedd, yn cynrychioli cyfraniad pwysig ac ystyrlon. Mae rhan o'r ymgais hon wedi ei seilio ar y syniad bod *The Law of Peoples* (LP) yn cynrychioli cwblhad ei brosiect athronyddol, yn yr un modd y mae meddwl rhyngwladol Kant yn hanfodol i ddeall ei gyfanwaith. Yn hynny o beth mae'n deg dweud ers ei gyhoeddi ym 1999 a'r ymateb beirniadol iddo, bu cydnabyddiaeth gynyddol o rinweddau LP, a'i berthnasedd i drafod gwleidyddiaeth ryngwladol a chwestiynau megis hawliau a gwrthdaro.

O fewn y cyd-destun hwn, mae'n bwysig ac yn briodl i gydnabod dyled Rawls i Kant, wrth fframio ei syniadau yn y diweddariad o destun enwog Kant, *Tuag at Heddwch Parhaol* (2006). Mae hyn yn bwysig, nid yn unig wrth geisio deall rhai o gymhellion ac egwyddorion sylfaenol gwaith Rawls, ond hefyd wrth gydnabod dylanwad sylweddol ac uniongyrchol Kant ar ddadleuon cyfoes yn y maes. Cyfeirir ato yn aml fel dylanwad mewn modd cyffredinol iawn, ond wrth ddadansoddi syniadau Rawls yn gywirach, fe allwn ni weld sut mae'r Americanwr yn eu hatgynhyrchu mewn modd didwyll – mewn ffordd sydd weithiau'n cyferbynnu â'r rhai niferus sy'n honni eu bod yn 'Kantiaid' wrth gynnig eu syniadau ar hynt a helynt gwleidyddiaeth ryngwladol.

O'r pwys mwyaf i mi, a'r rheswm rwyf yn ystyried fod yna unrhyw arwyddocâd i'r myfyrdodau yn y papur hwn, yw'r ffaith bod safbwynt Rawls, fel ei ysbrydoliaeth Kant, yn cynnig un o'r heriau mwyaf uniongyrchol a diddorol i'r paradeim Realaidd yn y maes, a bod hwn yn gyfiawnhad dros ystyried ei syniadau'n drwyadl. Y mae'r paradeim hwnnw wedi dominyddu ers yr Ail Ryfel Byd, yn bennaf oherwydd ei fod yn arddel agwedd sydd yn derbyn bod gwleidyddiaeth ryngwladol, o anghenraid, y tu hwnt i egwyddorion a chynnydd moesol. Wrth werthfawrogi'r modd y mae Rawls yn ymgodymu â'r her hynny, rhaid cydnabod na allwn eu llawn ddeall heb gyfeirio at ddylanwad Kant. Ymhellach, yn y pen draw, rhaid gofyn ai agwedd fwy trwyadl Kantaidd all gynnig y safbwynt mwyaf perswadiol yn wyneb her realaeth?

Sut y gallwn grynhoi nodweddion yr her hon? Mae realaeth yn ei ffurf glasurol a diwygiedig yn ystyried gwaith Thucydides ar Ryfel y Peloponesos yn fynegiant croyw o hanfod gwleidyddiaeth ryngwladol – gyda'r dybiaeth bod y safbwynt hwn yn un a fu yn wir erioed, a bydd yn fythol wir am gymunedau gwleidyddol sydd â ffiniau. Yn gryno, nodweddir cysylltiadau rhyngwladol gan gystadleuaeth, trais, neu o leiaf fygythiad o drais, ac ailadrodd y gwrthdaro. Gan ddibynnu ar y ffurf o realaeth dan sylw, bydd y weledigaeth yn cael ei chynnal naill ai drwy syniad penodol o'r natur ddynol, neu ddealltwriaeth o'r grymoedd strwythurol sydd ar waith. Bydd ein cymdeithas gyfoes o wladwriaethau nid yn unig yn parhau i gael ei nodweddu fel hyn, ond yn hytrach bydd hyn bob amser yn wir am berthnasau ar raddfa fyd-eang, lle mae cymunedau gwleidyddol wedi'u llywodraethu gan wahanol bwerau.

Mae realaeth glasurol, fel y'i cynrychiolir gan ffigurau megis Hans Morgenthau (1948) a Reinhold Niebuhr (1932), yn tueddu i ystyried fod trais ac ymddygiad ymosodol yn fynegiant anochel o'r awydd dynol am bŵer a goruchafiaeth, yn aml gydag arlliw diwinyddol sydd yn hanu o'r syniad Awstinaidd o lwyr lygriad. Mae neo-realaeth Kenneth Waltz (1959) ac eraill yn edrych yn hytrach i strwythur anarchaidd Cysylltiadau Rhyngwladol fel ffactor sylfaenol a'r ffaith bod diffyg sofraniaeth drosfwaol yn golygu cyflwr o anarchiaeth yn parhau yn ddiderfyn – sydd o ganlyniad yn gwneud camau sydd yn rhagdybio, ac yn paratoi ar gyfer cystadleuaeth a rhyfel, yn rhai rhesymegol.

Mewn gwrthgyferbyniad â'r rhagdybiaethau hyn, sy'n nodweddu'r meddwl realaidd a 'chrefft' gwladwriaethau dros y canrifoedd blaenorol, saif y gred mewn cynnydd o eiddo Kant a meddylwyr eraill yr Oleuedigaeth, a roddodd sail i safbwynt arall ar wleidyddiaeth ryngwladol, sef yn fyr, y syniad y gallai system o wladwriaethau heddychlon a rhesymol ddatblygu i fod yn ffederasiwn cydweithredol ar y gwastad byd-eang, a allai weithio tuag at setliad heddychlon a pharhaol. O'r safbwynt hwn, gall cenhedloedd ddatblygu'n endidau moesol all leddfu elfennau ymosodol gwladgarwch a threfnu eu hunain mewn ffurfiau rhesymegol, a fyddai'n tanseilio tueddiadau mwy dinistriol gwleidyddiaeth. Ar y sail hon, mae dealltwriaeth realaidd o drais, a'r diffyg gwrthwynebiad i'r trais hwnnw, yn feddylfryd y dylid aeddfedu y tu hwnt iddo; yn ei hanfod, dyma weledigaeth i'w gwireddu trwy gynnydd moesol ar y cyd.

Mae Rawls yn ymgymryd â'r her realaidd mewn modd uniongyrchol yng *Nghyfraith y Bobloedd* ac i mi dyma gyfraniad pwysicaf ei theori ryngwladol – a gafodd sylw beirniadol yn hytrach ar sail y trafodaethau ar hawliau dynol ac ailddosbarthu byd-eang. Anochel oedd y sylw hwn i raddau oherwydd roedd y beirniaid yn athronwyr cosmopolitanaidd oedd â diddordeb yn y cwestiynau hyn ar y gwastadau domestig a byd-eang – yn dilyn i bob pwrpas y ffocws gan Rawls ar hawliau ac adnoddau yn ei ddwy egwyddor wreiddiol o gyfiawnder. Fodd bynnag, oherwydd y ffocws hwn, rhoddwyd llawer llai o sylw i'r ffordd y mae gwaith Rawls yn ymgymryd â dadleuon ehangach o fewn astudiaeth gwleidyddiaeth ryngwladol, yn enwedig dyfalbarhad y paradeim realaidd a'r llwyddiant cyfyngedig sydd wedi bod wrth ei herio.

Catherine Audard (2007) yw'r awdur amlycaf sy'n cydnabod ymgais Rawls i lywio llwybr rhwng realaeth a chosmopolitaniaeth, ac arwyddocâd hynny. Mae'n gywir i nodi bod trwch yr ymateb beirniadol i Rawls yn deillio o'r ffaith fod cosmopolitaniaid yn ei ystyried yn rhy gyfyngedig yn ei weledigaeth o safbwynt potensial cymdeithas fyd-eang , tra bod realwyr yn credu ei fod yn cwympo i'r fagl o naïfrwydd delfrydiaeth, a'r peryg sydd yn hynny. Yn anochel felly cwympo rhwng dwy stôl yw ffawd Rawls, a methu plesio'r naill ochr na'r llall.

Yn y cyd-destun hwn, anwybyddir dylanwad uniongyrchol Kant hefyd. Yn fy marn i, mae rhyngwladoldeb Kantaidd yn aml yn cael ei gysylltu mewn modd cyfeiliornus gyda syniadau mwy iwtopaidd y cosmopolitaniaid, sy'n dychmygu cymdeithas fyd-eang a saernïwyd ac a ddiffiniwyd gan fuddiannau unigolion, uwchben a thu hwnt i'r genedl-wladwriaeth. Mae hyn yn anwybyddu'r ffordd y mae meddwl rhyngwladol Kant yn gofyn ystyried a chydbwyso gofynion a phwysigrwydd gwladwriaethau â hawliau unigolion. Yn yr ystyr hwn mae Rawls yn llawer mwy Kantaidd mewn ysbryd na'r rhai a adnabyddir fel y Kantiaid. Y cynnig sydd gen i yw, wrth gydnabod hyn ac ystyried sut mae'r ddau'n gweld y wladwriaeth fel asiant moesol allweddol wrth symud tuag at ffederasiwn heddychlon, gallwn ddatgelu'r modd mae eu syniadau yn her gref i'r meddwl realaidd. Ni chredaf ei fod yn annheg awgrymu fod y brif ffrwd gosmopolitanaidd, ac eithrio testun arloesol Charles Beitz yn 1979, wedi tueddu i ganolbwyntio ar ddychmygu delfrydau a pholisïau, wrth anghofio neu osgoi ymwneud pendant â'r her sylfaenol o wrthdroi'r safbwynt realaidd.

Fy nadl sylfaenol yn y papur hwn, felly, yw y gall rhywun ddangos bod dadleuon Rawls, yn y cyd-destun hwn o herio realaeth, yn cael eu nodweddu gan fotiffau Kantaidd – a dim ond wrth gydnabod hyn y gallwn ni werthfawrogi natur sylfaenol ei theori ryngwladol, a deall sut y mae'n cynnig newid yn y modd yr ydym yn canfod realiti gwleidyddiaeth ryngwladol. Rwyf am amlinellu, felly, yr hyn yr wyf yn ei ystyried fel y pedwar piler Kantaidd sydd yn gynsail i feirniadaeth Rawls o realaeth, sy'n gosod y sail ar gyfer tybio bod dysgu moesol ar y cyd, all ein gwaredu o'r weledigaeth realaidd, yn bosib. Y rhain yw: y natur ddynol a rhesymoldeb, eu gwireddiad trwy ein strwythurau cyfunol gwleidyddol; hunan-les; ac yn olaf, hanes a gobaith. Wrth gloi, byddaf hefyd yn nodi rhai pryderon ynghylch Kantiaeth Rawls mewn perthynas â'r piler olaf yn arbennig, a holi sut mae'r amrywiaeth rhwng Rawls a Kant mewn rhai agweddau yn cynnig ystyriaethau eraill i gnoi cil arnynt.

Y Pedwar Piler

Pe dechreuwn gyda syniad Rawls o'r natur ddynol, mae'r themâu Kantiaidd yn amlwg. Ac eto, i'r graddau y mae'n darparu safbwynt ar y natur ddynol sy'n rhesymegol a rhesymol, y mae'n amlinellu syniad sy'n nodweddu prif ffrwd y meddwl goleuedig gorllewinol, nid un neilltuol Kantaidd. Mae'n wir fod Rawls yn cydnabod ei waith fel athroniaeth Kantaidd (1980), ond dylid dehongli hyn fel disgrifiad cyffredinol yn hytrach na phenodol o'i ymagwedd 'adeiladyddol' [*constructivist*] ehangach, a'r modd y mae'r 'safle gwreiddiol' enwog yn modelu dulliau meddwl Kantiaidd, sy'n cydnabod unigolion fel 'dibenion ynddynt eu hunain'.

Un agwedd nodweddiadol o safbwynt Rawls yw'r gwahaniaethu rhwng y rhesymegol a'r rhesymol. Mae'r cyntaf yn cyfeirio yn ei hanfod at ein natur hunangyfeiriol a'r modd rydym yn defnyddio rheswm wrth geisio cyflawni ein hamcanion. Fodd bynnag, rydym yn berchen ar resymoldeb yn ogystal, sydd yr un mor hanfodol i'n natur, a dyma'r math o reswm sy'n cydnabod bod eraill yn ddibenion ynddynt eu hunain ac sydd yn ein harwain ni i ymwneud ag eraill ar sail cyd-gydnabyddiaeth. Yn ogystal â'r gwahaniaethau hyn, mae Rawls yn canolbwyntio ar ddau allu sylfaenol bodau rhesymegol a rhesymol, sef y gallu i ddewis cynllun bywyd, a'r gallu i feithrin ymdeimlad o gyfiawnder. Yn gyffredinol, mae'r nodweddion hyn yn cynnig inni gysyniad moesol o'r person sydd yn Kantaidd ei natur, sydd a'r gallu i ddewis o safbwynt datblygiad ei hunan, y gallu i adnabod a thrin eraill fel dibenion, a hefyd datblygu a byw yn ôl syniad o'r da.

O ran her realaeth, yr hyn a welwn gyda'r cysyniadau hyn o'r natur ddynol, wrth gwrs, yw gwrthod syniadau Awstinaidd o'r ddynoliaeth gwympiedig sy'n sail i realaeth glasurol. Er enghraifft, gwrthodir y syniad o bechod gwreiddiol, neu lwyr lygriad, sy'n gysylltiedig â'r syniad o'r *animus dominandi* a'r awydd tybiedig, annileadwy i ddominyddu eraill. Felly, mae gweithredoedd drwg unigolion yn rhai y tybir y gellid eu hosgoi. Wedi'i drosglwyddo i'r lefel ryngwladol, mae'r farn hon yn ystyried rhyfel, felly, fel patholeg y gellir ei goresgyn a'i osgoi trwy ddefnydd rheswm, ac mae hyn yn sicr yn rhagdybiaeth gref sy'n rhedeg trwy theori ryngwladol Rawls a Kant.

Fodd bynnag, mae'n werth nodi rhai gwahaniaethau, yn enwedig dibyniaeth Rawls ar syniad Rousseau o 'ddynion fel ag y maent, a deddfau fel ag y gallent fod'. Tra bo Kant yn cyfeirio at y posibilrwydd o ddrygioni radical yn y bersonoliaeth ddynol, mae'n ymddangos fod syniadau Rousseau yn garreg sylfaen ar gyfer safbwynt optimistaidd iawn ar ran Rawls o'r natur ddynol; y mae'n awgrymu arlliw milenaraidd bron lle y bydd sefydlu sefydliadau cyfiawn yn anochel yn arwain at ddileu drygioni mawr o'r byd, a lle bydd modd dileu anfoesoldeb o fath difrifol ymysg pobl. O'r safbwynt hwn, allanol i'r cymeriad dynol y mae gwraidd drygioni felly, yn hytrach na photensial annatod sydd yn rhan o'r bersonoliaeth ddynol.

Mae'r cysyniad hwn o'r natur ddynol yn elfen hefyd ar yr **ail biler** Kantaidd y gellir ei hadnabod yng ngwaith Rawls yng nghyswllt dysg foesol, sef gwireddu cynnydd moesol trwy sefydlu'r strwythurau gwleidyddol priodol. Mae'r syniad o gynnydd yn y tymor hir yn thema sy'n arbennig o amlwg, er enghraifft, yn nhraethodau Kant ar y *Syniad Cyffredinol o Hanes Cyfanfydol* (2006) lle mae pwyslais dro ar ôl tro ar y syniad ei fod yn rhywbeth all ddim ond digwydd drwy ymdrechion dynoliaeth dros gyfnod hir o amser. Mae hyn yn amlwg yn ei athroniaeth wleidyddol, wrth gwrs, sef y syniad o ddatblygiad y wladwriaeth weriniaethol, ac efelychiad o'r strwythur gwleidyddol hwn ledled y byd, fel yr hyn fydd yn gwarantu heddwch parhaol.

Mae'r un themâu yn nodweddiadol o Rawls, yn enwedig wrth ddatblygu cysyniad yr '*iwtopia ddichonadwy*' ar y gwastad domestig a rhyngwladol. Yr agosaf rydym at sefydlu syniad Rawls o gyfiawnder ar draws sefydliadau'r wladwriaeth, y mwyaf tebygol fyddwn ni o allu creu cymdeithas sefydlog, heddychlon sy'n parhau; mae hyn wrth gwrs yn trawsgyweirio i'r lefel ryngwladol, lle mae ffederasiwn heddychlon byd-eang yn wir bosibilrwydd, lle mae strwythurau cyfiawn neu sefydlog yn cael eu sefydlu ar draws nifer gynyddol o bobloedd. Yn yr union fodd y mae gweriniaethau Kant yn gallu gweithredu mewn modd cyd-gydnabyddol, i Rawls bydd y bobloedd gyfiawn neu degweddol yn foesol eu natur, yn gallu bodloni Cyfraith y Bobloedd a gweithredu ar sail cydberthynas â'i gilydd.

Gyda'r pwyslais y maent ill dau yn ei osod ar strwythurau gwleidyddol, mae gennym yma gydnabyddiaeth hefyd o'r modd y mae tynged y drefn ddomestig a'r rhyngwladol wedi eu ieuo gyda'i gilydd – syniad a nodweddir gan gred Kant mai dim ond heddwch parhaol all warantu iawnderau'r unigolyn. Byddai Rawls yn cytuno na ellir gwarantu bywydau gwerth chweil i unigolion yn eu cymunedau gwleidyddol oni bai fod modd cyfyngu bygythiad rhyfel. Wrth gwrs, mae'r nod a'r dyhead hirdymor hwn yn gwbl groes i'r farn realaidd am natur ailadroddus trais ar y gwastad rhyngwladol. Yn wyneb y fath sgeptigaeth mae Rawls yn gosod cryn ffydd yn Namcaniaeth yr Heddwch Democrataidd [Democratic Peace Theory] sy'n seiliedig ar egwyddorion Kantaidd, sef mai yn anaml, os o gwbl, y bydd pobloedd democrataidd yn rhyfela gyda'i gilydd, ar sail y rhagdybiaeth pan fo dwy gyfundrefn wleidyddol lle gall y bobl ddylanwadu ar benderfyniadau, ni fydd cefnogaeth i ryfela.

Tra bod theori realaidd yn cymryd yn ganiataol y bydd y wladwriaeth yn troi tuag at y posibilrwydd o drais, mae'r ymagwedd Kantaidd yn awgrymu y gallwn symud y tu hwnt i ymddygiad o'r fath, drwy sefydlu'r strwythurau priodol. Er ei bod hi'n amlwg fod theori Rawls o ffederasiwn heddychlon wedi'i seilio ar y ddadl Kantaidd am natur heddychlon gwladwriaethau gweriniaethol, mae'n werth nodi un o'r agweddau mwy dadleuol ar feddwl Rawls ar y pwynt hwn, sef ei awgrym y gall pobloedd hierarchaidd, tegweddol, nad ydynt yn rhyddfrydol, ffurfio rhan ddibynadwy o ffederasiwn o'r fath. Mae'n bosibl fod gosodiad Rawls yn seiliedig yn y lle cyntaf ar y syniad fod pobloedd o'r fath yn caniatáu gwrthdystio fel rhan greiddiol o'u sefydliadau gwleidyddol, ac felly mae'n debyg bod mecanwaith tebyg yn mynd i fod ar waith megis yr hyn a awgrymir gan weriniaeth Kant – sef bod y corff gwleidyddol yn gallu gwrthod neu amharu ar y penderfyniad i fynd i ryfel.

Er bod y ddau athronydd yn arddangos optimistiaeth o ran y posibilrwydd y bydd dynoliaeth yn datblygu ar y cyd dros gyfnod o amser, maent hefyd yn realistig wrth resymu na fydd hyn yn digwydd ar sail allgaredd nac ewyllys da yn unig. Mae'r syniad y gall hunan-les, ac yn nhermau enwog Kant, cymdeithasgarwch anghymdeithasol, gyfrannu tuag at y cynnydd hwn, yn amlygu ei hun yn syniadau Rawls ar y gwastad rhyngwladol fel **y trydydd piler Kantaidd.**

Fel y nodwyd yn gynharach, mae'r rhesymegol yn cynrychioli gweithredoedd hunangyfeiriol ar ran yr unigolyn, ac mae Rawls yn trawsgyweirio'r cysyniad i bobloedd. Er eu bod yn cael eu disgrifio ganddo fel cyrff gwleidyddol all weithredu ar sail cyd-gydnabyddiaeth, mae'n rhagdybio mai eu buddiannau personol fydd yn ysgogi gweithredoedd pobloedd yn y lle cyntaf, ond mae'n dadlau y bydd hyn yn gam pwysig wrth symud tuag at greu cydweithrediad ar lefel ryngwladol. Bydd pawb yn awyddus i geisio cydweld ar gytundebau, cyfreithiau a pholisïau economaidd er mwyn sicrhau gwell amodau a llai o drais, mewn ymgais i wasanaethu buddiannau eu poblogaeth. Er y bydd y gweithredodd yma'n cael eu gweld yn nhermau buddiannau yn unig, awgryma Rawls y bydd cydweithrediad o'r fath yn arwain at gydnawsedd ac agosatrwydd dros amser, a lle bydd buddiannau'r naill yn cael eu hystyried fel buddiannau'r llall.

Bydd hyn yn wir hyd yn oed ar yr achlysuron hynny lle na fydd y budd yn ymddangos yn un uniongyrchol. Er enghraifft, yn achos y ddyletswydd o gynnig cymorth i'r hyn y mae Rawls yn ei alw'n gymdeithasau dan faich, y budd i'w ystyried yn y lle cyntaf yw diogelwch, a sicrhau nad yw cymdeithas sy'n wynebu problemau difrifol yn datblygu'n fygythiad trwy ganiatáu i amodau yno waethygu'n ofnadwy. Fodd bynnag, mae Rawls yn credu, mewn ffederasiwn o bobl, dros amser, y bydd camau o'r fath yn deillio nid yn unig o'r pryderon hirdymor hynny am fygythiad posibl, ond fe'u cymhellir yn ogystal gan awydd i helpu cyd-aelodau yng Nghymdeithas y Bobloedd, waeth pa mor bell i ffwrdd y maent. Mae hunan-fudd, felly, wrth chwarae rôl gychwynnol bwysig, yn gallu cael ei ddisodli neu ategu gan deimladau a chymhellion megis parch ac agosatrwydd. Mae'r driniaeth hon o'r syniad o hunan-fudd yn un o agweddau cryfaf o'r her i'r paradeim realaidd, gan ddangos sut mac gwcithredoedd hunan-gyfeiriol yr un mor debygol o arwain at ganlyniadau cadarnhaol ag y maent at ganlyniadau gwael, yn enwedig lle mae strwythurau priodol yn cael eu rhoi ar waith.

Y piler Kantaidd olaf yw'r pwysigrwydd y mae Rawls yn ei osod ar obaith, a'r modd y mae hanes, neu o leiaf profiad, yn sail i ddehongli digwyddiadau'r presennol mewn modd optimistaidd. Mae'n ddefnyddiol gwahaniaethu rhwng hanes a phrofiad yng nghyd-destun gwaith Rawls oherwydd mae'n ymddangos nad yw'n rhoi unrhyw athroniaeth hanes ar waith wrth geisio cyfiawnhau'r syniad o obaith; yn hytrach nag edrych ar hanes o safbwynt trosafael, ymddengys ei fod â mwy o ddiddordeb mewn cyfeirio at enghreifftiau unigol neu ddod o hyd i dystiolaeth am ei ragdybiaethau, drwy edrych ar y gorffennol. Ac yn wir, efallai bod modd cytuno fod hanes, o safbwynt Rawls, yn gallu dangos inni ein potensial fel bodau dynol, ac y gallwn ddysgu gwersi ohono, a'n bod yn gwybod digon am ein profiad yn y gorffennol i allu credu fod barn Rousseau ar botensial y natur ddynol yn ddilys.

Y mae cymdeithasau cyfiawn, wedi'r cyfan, wedi tueddu tuag at sefydlogrwydd ac osgoi rhyfel, ac mae'r rhagdybiaeth yma'n sail resymol dros obeithio y bydd sicrhau mwy o gyfiawnder ar draws tiriogaethau ehangach y byd yn ein harwain tuag at fwy o heddwch a sefydlogrwydd.

Fodd bynnag, er bod Rawls yn canfod yn ein hanes diweddar resymau dros ddehongli'r presennol mewn modd gobeithiol, mae'n anodd dirnad yn ei safbwynt unrhyw ddealltwriaeth o hanes gyda phatrwm penodol neu elfen o ddatblygiad sydd ynddo'i hun yn sail dros obaith. Mae hyn yn ymddangos yn wrthgyferbyniad amlycach gyda Kant nag unrhyw wahaniaeth rwyf wedi nodi hyd yn hyn – oherwydd yn y traethodau *Tuag at Heddwch Parhaol* a'r *Syniad am Hanes Cyfanfydol* (2006), er enghraifft, mae themau megis rhagarfaeth, cynnydd a natur yn creu arlliw teleolegol i ddatblygiad hanes. Yr hyn a welaf fel y gwahaniaeth mwyaf arwyddocaol, o leiaf o safbwynt darlleniad cychwynnol o'r ddau, yw bod Kant yn rhoi sail i ni ddehongli'r digwyddiadau drygionus ofnadwy hynny sy'n amharu ar ddynoliaeth o safbwynt cadarnach, di-droi'n-ôl.

Hynny yw, ymddengys y byddai'r safbwynt Kantaidd yn caniatáu'r posibilrwydd, er gwaethaf drygioni rhyfel, bod modd ei wynebu heb besimistiaeth llwyr yn rhannol oherwydd, wrth werthfawrogi datblygiad cyffredinol hanes dynol dros amser, mae modd cydnabod y gall digwyddiadau o'r fath arwain at rai newidiadau cadarnhaol yn y pen draw. Nid yn gymaint fod Kant yn credu bod yn rhaid inni wynebu trychineb er mwyn cymryd camau ymlaen, ond o leiaf pan fydd trychinebau o'r fath yn digwydd, mae yna resymau dros dybio y gallwn fynd yn ôl ar y cwrs priodol a pharhau i symud ymlaen.

Nid oes unrhyw deleoleg o'r fath yn cynnig ei hun yn namcaniaeth Rawls, ac yn wir gallai un awgrymu ar adegau fod yna ddull cwbl anhanesyddol ganddo, o leiaf mewn perthynas ag Oes Ymerodraeth. Wrth ystyried optimistiaeth Rawls am y natur ddynol a'n potensial ar gyfer dysgu moesol, heb y sylw hwn i hanes neu ymgais i'w cysyniadu, mae yna beryg i ni ystyried yr holl anffawd, trychinebau ac anawsterau sy'n ein herio ni fel tystiolaeth lethol nad oes yna le i'w optimistiaeth, ac er gwaethaf llawer o welliannau materol dros y canrifoedd, ein bod hefyd yn cwympo oddi ar y cledrau'n gyson ac yn methu â sicrhau enillion cynyddol.

I grynhoi, gall rhywun awgrymu fod Kant yn cynnig sail i ni am obaith yn ei ddehongliad blaengar o hanes, tra bod Rawls yn ymddangos, mewn modd mwy syml, i ddodi gobaith gerbron fel *rhagofyniad* ar gyfer sicrhau cynnydd, heb o reidrwydd ein hargyhoeddi fod yna sail resymol a rhesymegol dros arddel y gobaith hwnnw. Y mae sail gobaith, i Rawls, os unrhyw beth, yn gorwedd gyda'r posibilrwydd *damcaniaethol* o gyfundrefnau cyfiawn ar y lefel domestig a rhyngwladol, a'r ffaith ein bod ni mewn rhai ffyrdd cyfyngedig wedi gweld enghreifftiau o gyfundrefnau o'r fath yn dod i'r amlwg o bryd i'w gilydd. Mae'n debyg y gellid cyfeirio at ddemocratiaeth gymdeithasol gwledydd Llychlyn yn y cyd-destun hwn, neu'r Undeb Ewropeaidd a'r Cenhedloedd Unedig. A dylid nodi na fyddai'n amhosib sgwario'r syniad yma gyda safbwynt Kant, a bod yntau yn ystyried y posibilrwydd damcaniaethol o ffederasiwn byd-eang yn sail ddigonol ar gyfer cynnal gobaith.

Rwyf gobeithio wedi rhoi cyfrif o sut y mae her Rawls i'r safbwynt realaidd wedi'i seilio ar yr hyn rwy'n ei ddehongli fel Kantiaeth drylwyr ei theori ryngwladol ddiweddarach. Rwyf wedi pwysleisio yn y cyd-destun hwn bwysigrwydd rhesymeg a rhesymoldeb y natur ddynol a'r gallu i sicrhau cynnydd moesol cyn belled â bod strwythurau addas yn cael eu rhoi ar waith, a bod y cysyniadau hyn yn trawsgyweirio o'r domestig i'r rhyngwladol mewn ffyrdd pwysig. At hynny, mae arwyddocâd strwythurau gwleidyddol yn rhywbeth sy'n cysylltu'r domestig â'r rhyngwladol mewn modd Kantiaidd, yn yr ystyr mai strwythurau cyfiawn a thegweddol ar y gwastad domestig yw'r unig warant y bydd strwythurau heddychlon a sefydlog yn cael eu sefydlu a'u gweithredu ar y lefel ryngwladol. Ymhellach, agwedd bwerus o feirniadaeth Rawls o realaeth yw'r syniad na ddylid dehongli hunan-fudd gwladwriaethau fel rhwystr wrth weithio tuag at gydweithrediad rhyngwladol, ac yn wir, yn aml mae'n fan cychwyn a chymhelliant ar gyfer cydweithio fydd dros amser yn arwain at ymdeimlad o berthynas agos gydag eraill. Yn olaf, mae pwysigrwydd gobaith, wedi'i seilio ar asesiad rhesymegol a rhesymol o bosibiliadau bywyd dynol, yn ganolog i weledigaeth Rawls a Kant.

Fodd bynnag, nodwyd bod rhai gwahaniaethau'n deilwng o sylw, yn enwedig y ffaith fod barn Rawls o ffederasiwn byd-eang yn un sy'n cynnwys pobloedd tegweddol nad ydynt yn weriniaethol, nac yn ddemocrataidd, a allent weithiau gael eu trefnu yn ôl cysyniadau crefyddol o'r da gwleidyddol. Mae hon yn agwedd sy'n deilwng o sylw beirniadol pellach o ystyried y graddau y mae gweledigaeth Rawls yn dibynnu ar ddamcaniaeth yr heddwch democrataidd, a'i estyniad i bobl annemocrataidd. Yn fwy cyffredinol, mae hefyd yn nodedig, tra bod safbwynt Kant ar heddwch parhaol wedi'i cyd-destunoli o fewn trafodaethau nodedig a chymhleth o hanes, natur a rhagarfaeth, fod theori ryngwladol Rawls yn hepgor unrhyw athroniaeth hanes. Efallai bod hwn yn adlewyrchu amwysedd ehangach Rawls tuag at yr hyn y mae'n ei alw yn fetaffiseg, oherwydd gall dehongliad o hanes o'r fath fynd y tu hwnt i'r gwleidyddol a chynnwys, o ganlyniad, rhai rhagdybiaethau ynghylch datblygiad hanes na fyddai'n ddarostyngedig i gonsenews gwleidyddol. Fodd bynnag, mae'n sicr yn wir yn achos Rawls mai canlyniad hyn yw fframwaith mwy bregus, llai cadarn er mwyn dehongli a deall y presennol. Sgil effaith hyn yw'r teimlad fod gofyn dehongli ein sefyllfa a digwyddiadau fel rhai sydd naill ai'n ein cynnal ni ar y trywydd iawn neu beidio, ac felly mae wynebu digwyddiadau gwael neu drychinebus gydag unrhyw optimistiaeth ar gyfer y dyfodol yn anodd. Nid oes gennym synnwyr o fwa hanes lle mae yna le i'r drwg a'r da.

Wrth wynebu argyfyngau heddiw, er enghraifft, mae Kant yn cynnig sail mwy perswadiol i ni ar gyfer gweithredu, parhau i ymgeisio am newid a pharhau i ymdrechu tuag at yr ewyllys da. Mewn modd amrwd, gellir awgrymu o safbwynt Rawlsaidd, fod Trump a Brexit yn ein hymbellhau o ddelfrydau'r cyfundrefnau a chydweithrediad rhyngwladol rydym yn dyheu amdanynt, ac ein bod wedi cymryd nifer o gamau yn ôl. Tra gellir dadlau mewn goleuni Kantaidd, bod etholiad Trump wedi ei ddilyn gan ymchwydd i gefnogaeth Sosialaeth Ddemocrataidd yn yr Unol Daleithiau, a bod y penderfyniad i dynnu'n ôl o Gytundeb Paris yn sbardun i ddwysau ein hymdrechion yn y dyfodol i geisio mynd i'r afael â thrychineb yr hinsawdd. Yn y bôn, y mae yna elfen o ddilechdid i ddadansoddiad Kant sydd yn awgrymu'r rheidrwydd o ymateb gwrthwynebus i bob datblygiad nas dymunir. Gall Brexit fod yn boenus nawr, ond gall fod yn sail i ddiwygiadau cadarnhaol i Gymru, y Deyrnas Gyfunol a'r Undeb Ewropeaidd. Dyma'r gobaith, o leiaf.

Llyfryddiaeth

C. Audard, *John Rawls* (Montreal: Mcgill-Queens University Press, 2007).

C. Beitz, *Political theory and International Relations* (2il Arg. Princeton NJ: Princeton University Press, 1999).

I. Kant, *Toward Perpetual Peace and Other Writings on Politics, Peace, and History* (New Haven: Yale University Press, 2006).

H. Morgenthau, *Politics Among Nations: The Struggle for Power and Peace* (New York NY: Alfred A. Knopf, 1948).

R. Niebuhr, *Moral Man and Immoral Society: A Study of Ethics and Politics* (Louisville KY: Westminster John Knox Press, 2002).

J. Rawls, *The Law of Peoples and Public Reason Revisited* (Cambridge MA: The Bellknap Press, 1999).

J. Rawls, Kantian Constructivism in Moral Theory, *The Journal of Philosophy* 77 (9) (1980), t. 515-72.

Thucydides, *The History of the Peloponnesian War* (Llundain: Penguin Books, 2000).

K. Waltz, Man, the State, and War (New York NY: Columbia University Press, 1959).

Duw Moesol Immanuel Kant

Dafydd Huw Rees

M AE IMMANUEL KANT YN gwrthod y dadleuon traddodiadol o blaid bodolaeth Duw. Dyna un o'r ffeithiau mwyaf cyfarwydd am athronydd mwyaf dylanwadol yr oes fodern. Tanseiliwyd y dadleuon ontolegol, cosmolegol a teleolegol gan ei feirniadaeth lem – tair ergyd drom ym mrwydr yr Ymoleuad i ryddhau'r unigolyn rhesymol o ormes traddodiad, uniongrededd ac awdurdod eglwysig. Dyna'r argraff arwynebol, o leiaf. Mewn gwirionedd, roedd syniadaeth grefyddol Kant yn gymhleth ac amlochrog. Er ei fod yn gwrthod y dair dadl draddodiadol, mae ei athroniaeth feirniadol yn arwain yn y pen draw at ddadl newydd, drawiadol o blaid credu yn Nuw: y *ddadl foesol*. Ac efallai mai dyma'r unig un sy'n medru dwyn perswâd arnom ni heddiw, yn sgil yr Ymoleuad.

Kant a chrefydd: perthynas gythryblus

Magwyd Kant o fewn cymuned Pietistiaid yr Almaen. Mae'r enwad Protestannaidd hwn yn debyg mewn llawer o ffyrdd i Fethodistiaeth yng Nghymru, o ran pwysleisio'r berthynas uniongyrchol rhwng yr unigolyn a Duw, yn hytrach na strwythurau eglwysig. Yn y *Collegium Fredericianum,* ysgol Bietistaidd Königsberg, derbyniodd Kant addysg drwyadl, gyda'i phwyslais ar ieithoedd clasurol, y Beibl a'r catecism. Nid oedd Kant yn arbennig o hoff o ddefod grefyddol arwynebol, wedi'r profiadau cynnar hyn. Unig ganlyniad unrhyw gyffes ffydd swyddogol, yn ei farn e, oedd magu rhagrith a hunan-dwyll.[1] Pan oedd yn Reithor yr Albertina, Prifysgol Königsberg, gwnâi

Kant ei orau i osgoi gwasanaethau yn eglwys y brifysgol. Roedd yn feirniad hallt ar 'wasanaeth ffuantus' (*Afterdienst*) ac 'ystrywiau offeiriaid' (*Pfaffentum*),[2] a gobeithiai weld math o grefydd foesol, resymegol yn datblygu, wedi ei rhyddhau o olion ofergoelion a datguddiad. Cyflwynodd Kant y safbwyntiau hyn yn ei lyfr mwyaf dadleuol, *Crefydd Oddi Mewn i Derfynau Rheswm yn Unig*, yn 1793. Ymatebodd Brenin Prwsia, Friedrich Wilhelm II, trwy orchymyn iddo beidio ag ysgrifennu am faterion crefyddol byth eto. Ildiodd Kant, gan ddisgrifio ei hun yn ei lythyr at y brenin fel 'deiliad mwyaf teyrngar Eich Mawrhydi' – ond yn syth bin wedi marwolaeth Friedrich Wilhelm yn 1797, trodd yn ôl at gwestiynau crefyddol yn ei draethawd 'Ymryson y Cyfadrannau.'[3]

Roedd gan Kant berthynas gythryblus gyda chrefydd felly, neu, o leiaf, gydag awdurdodau crefyddol yn yr eglwys a'r wladwriaeth. Ond fel y gwelwn, mae ei feirniadaeth o'r dadleuon athronyddol o blaid bodolaeth Duw wedi ei seilio ar dipyn mwy nag anesmwythder personol a gwrthdaro gwleidyddol.

Y ddadl ontolegol – Anselm a Descartes

Yn *Beirniadaeth y Rheswm Pur*, mae Kant yn dechrau gyda'r ddadl ontolegol. Dyma'r ddadl fwyaf cymhleth, mwyaf "athronyddol" o'r dair, sy'n deillio o waith Sant Anselm, René Descartes a Gottfried Wilhelm Leibniz. Mae'r ddadl yn ceisio profi bodolaeth Duw ar sail cynnwys y cysyniad 'Duw' yn unig. Duw yw'r bod goruchaf, 'yr hyn na ellir meddwl ei fwy'[4] yng ngeiriau Anselm, y bod sy'n 'meddu ar bob perffeithrwydd'[5] yn ôl Descartes. O wir ystyried ystyr y gair 'Duw', *rhaid* i ni gydnabod bod Duw yn bodoli. Dyma honiad craidd y ddadl ontolegol. Petai'r syniad o'r 'hyn na ellir meddwl am ei fwy' dim ond yn bodoli yn y meddwl, ni fyddai, mewn gwirionedd, yn rhywbeth 'na ellir meddwl am ei fwy', gan fod rhywbeth sydd yn bodoli yn y meddwl *ac* yn ddiriaethol yn *fwy o beth* na rhywbeth sydd yn bodoli yn y meddwl *yn unig*. Petai'n bodoli yn y meddwl yn unig, fe fyddai, wrth gwrs, yn bosib dychmygu rhywbeth mwy, sef y peth go iawn. Yn wir, mae'r syniad o fod na ellir meddwl ei fwy, sydd yn bodoli yn y meddwl yn unig, yn gwrthddweud ei hun: yn amlwg, fe fyddai'n bosib dychmygu rhywbeth mwy. Rhaid i'r bod na ellir meddwl ei fwy, os ydych yn cymryd y diffiniad o ddifri, fodoli. 'Ac yn ddiau', medd Anselm yn ei *Proslogion*, 'yr hyn na ellir meddwl am ei fwy, ni ddichon mai mewn dealltwriaeth yn unig y mae. Oherwydd a bwrw ei fod o leiaf mewn dealltwriaeth, dichon meddwl ei fod mewn dirwedd hefyd, a dyna beth mwy.'[6]

Ar yr un trywydd, mae Descartes yn dadlau fod *bodolaeth* yn rhan annatod o'n syniad o'r bod sy'n 'meddu ar bob perffeithrwydd'. 'Wrth yr enw 'Duw', medd Descartes yn y trydydd o'r *Myfyrdodau*, 'yr wyf yn deall rhyw sylwedd anfeidrol, annibynnol, deallus yn anad yr un, galluog yn anad yr un, yr hon y crëwyd ganddi myfi fy hun a phopeth arall, os oes peth arall, beth bynnag ydyw.'[7] Mewn iaith athronyddol, dyma'n dealltwriaeth draddodiadol o Dduw: bod hollalluog, hollwybodol, hollddaionus. Am unrhyw draethiad A (gallu, dywedwch, neu ddeallusrwydd, neu ddaioni), Duw sy piau'r mwyaf o A. Duw yw'r mwyaf deallus, galluog, da, ac yn y blaen. Yn y pumed 'Myfyrdod', mae Descartes yn ailosod y diffiniad yma: Duw yw'r mwyaf ym mhob categori, Duw, felly, yw'r bod 'gyda phob perffeithrwydd'. Mae ganddo ddeallusrwydd perffaith, gallu perffaith, daioni perffaith, ac ati. Mae'r holl draethiadau hyn, yr holl fathau o berffeithrwydd, yn rhan annatod o'r syniad o 'Dduw'.

Cam nesaf y ddadl yw'r un mwyaf dadleuol: mae Descartes yn dadlau fod *bodolaeth* yn cyfrif fel un o'r traethiadau hyn, fod gan Dduw, y bod sy'n meddu ar bob perffeithrwydd, *fodolaeth berffaith* yn ogystal â gallu perffaith, daioni perffaith, ac yn y blaen. 'Wedi i mi fwrw fod Duw'n meddu ar bob perffeithrwydd, diau fod yn rhaid imi osod hefyd mai Duw sy'n bodoli ydyw, oblegid fod bodolaeth yn un o'r perffeithderau hynny...'[8] Bodolaeth berffaith yw un o'r traethiadau sy'n perthyn yn annatod i gysyniad y bod perffaith. Fedrwn ni ddim meddwl am driongl heb onglau mewnol sy'n gwneud cyfanswm o 180°, fedrwn ni ddim meddwl am lethr i fyny heb lethr i lawr, ac yn yr un modd, fedrwn ni ddim meddwl am fod perffaith nad yw'n meddu ar fodolaeth berffaith – hynny yw, un sy'n bodoli'n ddiriaethol ac yn rheidiol, nid fel drychfeddwl dynol, amodol, yn unig. Yn debyg i Anselm, mae Descartes yn honni mai gwrthddywediad yw bod perffaith nad yw'n meddu ar fodolaeth berffaith. Gwrthddywediad yw llethr i fyny heb lethr i lawr, a gwrthddywediad yw Duw heb fodolaeth.

Rhaid i Dduw fodoli, felly, *trwy ddiffiniad* – dyna graidd dadleuon Anselm a Descartes. Yn ôl Kant, y ddadl ontolegol yw'r un fwyaf sylfaenol o'r dair. Mae'r dadleuon cosmolegol a theleolegol yn dibynnu ar y syniad o 'fod rheidiol' sy'n deillio o'r ddadl ontolegol. Trwy feirniadu'r ddadl hon, felly, mae Kant yn mynd ati i danseilio pob un o'r dadleuon clasurol dros fodolaeth Duw.

Y ddadl ontolegol – beirniadaeth Kant

Mae Kant yn ddrwgdybus o ymdrechion Anselm a Descartes i neidio o gynnwys y syniad 'Duw' i gasgliad am fodolaeth ddiriaethol, reidiol, Duw. Honiad pwysicaf Kant, yng nghyswllt y ddadl ontolegol, yw *'nid yw bodolaeth yn draethiad'*. Ystyr 'traethiad' yw rhywbeth sydd yn cael ei haeru neu ei wadu am rywbeth mewn brawddeg. Os ydw i'n dweud 'mae'r rhaff yn hir', *hir* yw'r traethiad yn y frawddeg; os ydw i'n dweud 'mae'r car yn las', *glas* yw'r traethiad. Mae *hir* a *glas* yn rhoi gwybodaeth ychwanegol i ni am oddrych neu destun y frawddeg. Ond yn ôl Kant, tra bod *hir* a *glas* yn draethiadau go iawn, nid felly *bodoli*. Nid yw bodolaeth yn ychwanegu unrhyw beth at ein gwybodaeth am rywbeth, yn wahanol i hyd a glesni.

Dyweder fy mod i'n disgrifio planhigyn newydd, anghyfarwydd, sydd wedi tyfu yn fy ngardd. Petawn i'n dweud 'mae ganddo ddail hir, tenau, a blodau bychain, glas', fe fyddech chi'n dysgu rhywbeth am y planhigyn. Ond petawn i'n dweud 'mae yna blanhigyn', ni fyddech yn dysgu unrhyw beth am y planhigyn. Traethiadau ydy 'hir', 'tenau', 'glas' a 'bychain'; nid yw 'bodoli' yn draethiad o gwbl. Felly, mae Descartes yn gwneud cam gwag trwy ddiffinio Duw fel y bod sy'n meddu ar bob perffeithrwydd (hynny yw, pob traethiad i raddfa berffaith), ac yna cynnwys bodolaeth fel un o'r traethiadau hyn. Yng ngeiriau Kant:

Mae'n amlwg nad yw *bod* yn draethiad real, yn gysyniad, h.y., o rywbeth y gellid ei ychwanegu at y cysyniad o rywbeth. Nid yw'n ddim amgen na gosod fod y peth, neu ryw nodweddion penodol, yn bod yn eu braint eu hunain. I berwyl rhesymeg, nid yw ond cyplad mewn dyfarniad. Dau gysyniad sydd yn y frawddeg, **'Mae Duw'n hollalluog,'** ac i bob un o'r ddau ei wrthrych, sef Duw, a holl-allu. Nid yw'r geiryn **'mae'** yn drydydd traethiad atynt hwy; nid yw'n amgen na'r hyn sy'n rhoi'r traethiad ar y goddrych, **mewn perthynas iddo.** Os cymeraf yn awr y goddrych (Duw) gyda'i holl draethiadau (a'i holl-allu yn eu plith) a dweud: **'Bod y mae Duw,'** neu 'Mae 'na Dduw,' ni fyddaf wrth hynny'n atodi dim traethiad newydd at y cysyniad o Dduw; ni fyddaf ond yn gosod y goddrych yn ei fraint ei hun ynghyd â'i holl draethiadau, a bid siŵr, yn gosod y **gwrthrych** ar gyfer fy **nghysyniad** i.[9]

Os nad ydym yn ystyried bodolaeth fel traethiad, mae dadleuon Anselm a Descartes yn methu. Er mwyn tanlinellu ei honiad, mae Kant yn defnyddio'r enghraifft o gan punt. Beth yw'r gwahaniaeth rhwng y syniad o gan punt dychmygol a chan punt go iawn? Mewn gwirionedd does *dim* gwahaniaeth; mae cysyniad can punt yn eich pen yr un fath yn union â chan punt go iawn mewn sach. Hynny yw, mae'r un traethiadau yn union gan y ddau – bod yn drwm, metelaidd, euraidd, crwn, ac yn y blaen. Serch hynny, fedrwch chi ddim gwario neu fuddsoddi cysyniad can punt. Mae'r gwahaniaeth yn gorwedd, nid yn y traethiadau, ond ym modolaeth yr arian, sy'n beth ar wahân:

> Mewn can punt gwirioneddol nid oes mo'r dernyn lleiaf yn rhagor nag sydd mewn can punt posibl. Yma, mae'r cant posibl yn cynrychioli'r cysyniad a'r cant gwirioneddol yn cynrychioli'r gwrthrych a'r gosodiad ohono yn ei fraint ei hun... Diau y byddaf yn well fy myd o fod gennyf gan punt gwirioneddol nag o fod gennyf y cysyniad noeth ohonynt (sef posibilrwydd ohonynt). Byddaf, yn ddiau; oblegid nad yw'r gwrthrych, o ran ei fodolaeth wirioneddol, ddim wedi ei gynnwys yn analytig yn fy nghysyniad, eithr ei roi'n synthetig y byddir at fy nghysyniad (sydd yn batrwm penodol ar fy nghyflwr i). Ac eto, drwy hyn o fod y tu allan i'm cysyniad, ni cheir mo'r mymryn lleiaf o gynnydd yn y can punt meddyliol hyn eu hunain.[10]

Camgymeriad Descartes ac Anselm, yn ôl Kant, yw trin y dyfarniad 'mae yna Dduw' fel un analytig, fel petai'r traethiad 'bodoli' yn rhan annatod o'r cysyniad 'Duw', a'r unig beth sydd angen i ni ei wneud yw archwilio'r cysyniad er mwyn penderfynu, ie, bod Duw yn bodoli. Ond mewn gwirionedd, nid yw bodolaeth yn draethiad o gwbl. *Os* ydy Duw yn bodoli, fe fyddai'n rhaid i ni ddod i'r casgliad yna trwy ddyfarniad synthetig, sy'n ychwanegu bodolaeth i'r cysyniad 'Duw' ar sail rhyw fath o dystiolaeth empeiraidd, o'n synhwyrau. Ond ni fydd y ddadl ontolegol, sy'n cefnu ar dystiolaeth y synhwyrau ac yn canolbwyntio ar archwilio'r cysyniad o Dduw yn unig, byth yn llwyddo i brofi ei fodolaeth:

> Gwastraff, gan hynny, yw'r holl ymboeni a gweithio ar y prawf ontolegol (Cartesaidd) enwog, i berwyl casglu oddi wrth cysyniadau fod yna ryw hanfod goruchaf; ni chyfoethogir dyn o ran dirnad rhagor o'r gwir wrth hel drychfeddyliau noeth, dim mwy nag yr âi masnachwyr yn fwy cefnog wrth roi, i wella'i ystâd, amryw o wagnodau wrth gwt eu cyfrif arian parod.[11]

O safbwynt Kant, nid yw'r frawddeg 'nid yw'r bod gyda phob perffeithrwydd yn bodoli' yn wrthddywediad o gwbl, gan nad yw bodolaeth yn draethiad. Felly, nid yw perffeithrwydd pob traethiad sydd gan y bod honedig hwn yn dweud unrhyw beth wrthym am ei fodolaeth – gallai fod yn berffaith, ond yn ddychmygol. Yn groes i Anselm a Descartes, ni fedrwch chi brofi bodolaeth Duw drwy archwilio'r diffiniad o'r gair 'Duw', trwy 'ddiffinio Duw i mewn i fodolaeth'.

Y dadleuon cosmolegol a theleolegol

Wedi iddo ddelio gyda'r ddadl ontolegol, mae Kant yn troi at y dadleuon cosmolegol a theleolegol. Mae'r rhain, wrth gwrs, yn ceisio profi bodolaeth Duw ar sail rhyw fath o dystiolaeth empeiraidd. Mae'r ddadl gosmolegol, sy'n ymddangos yng ngwaith Aristoteles, Ibn Rushd, Tomos Acwin, a Leibniz, yn dechrau gyda bodolaeth y bydysawd ei hun. Mae gan bopeth sy'n bodoli achos; mae'r bydysawd yn bodoli; felly, mae gan y bydysawd achos. Os ydym am osgoi atchweliad diddiwedd (mae gan achos y bydysawd achos, ac mae gan yr achos yna achos...), rhaid bod achos y bydysawd yn rhywbeth unigryw: achos diachos, neu achos hunan-achosol. A dyma Dduw, y bod goruchaf, y 'symudydd cyntaf'.

Mae Leibniz yn gwahaniaethu rhwng y bydysawd amodol a Duw rheidiol. Yn ei fersiwn ef o'r ddadl gosmolegol, mae gan bob peth amodol achos; mae popeth yn y bydysawd yn bodoli'n amodol; felly er mwyn osgoi atchweliad diddiwedd, rhaid bod gan y bydysawd amodol achos rheidiol, sef Duw rheidiol. Nid yw'r ddadl hon yn gwneud llawer o argraff ar Kant. Nid yw 'Duw rheidiol' y ddadl gosmolegol yn ddim byd mwy na "bod perffaith" y ddadl ontolegol, y bod sy'n meddu ar fodolaeth berffaith, hynny yw, bodolaeth reidiol. Rhaid i'r ddadl gosmolegol bwyso ar y ddadl ontolegol. Os ydym yn gwrthod y ddadl ontolegol, fedrwn ni wrthod y ddadl gosmolegol yn ogystal.[12]

Rhoddir tipyn mwy o ystyriaeth gan Kant i'r ddadl deleolegol (neu 'ffisegol-diwinyddol', yn ei eiriau ef). 'Y mae'r prawf hwn bob amser yn teilyngu ei grybwyll â pharch. Ef yw'r prawf hynaf, egluraf, a'r un sy'n cydweddu orau â rheswm cyffredin y dynolryw.'[13] Mae'r ddadl hon wedi ei seilio ar drefn a chymhlethdod natur. Sylwn fod pethau cymhleth a threfnus (er enghraifft, oriorau, peiriannau, ac adeiladau) bob amser wedi eu cynllunio a'u creu gan ryw ddylunydd. Ond mae natur, hefyd, yn drefnus a chymhleth – ystyriwch beirianwaith cywrain celloedd ein cyrff, neu gytgord anhygoel deddfau natur. Felly, rhaid bod gan natur ddylunydd hefyd, dylunydd hollalluog sy'n gyfrifol am y cymhlethdod a'r drefn hon. Unwaith eto, dyma Dduw.

Er bod Kant yn parchu hynafiaeth y ddadl,[14] mae'n ei gwrthod am yr un rheswm â'r ddadl gosmolegol. Yn y pen draw, mae'r ddadl deleolegol yn dibynnu ar y syniad o fod goruchaf, perffaith, yn ymddangos y tro hwn fel dylunydd hollalluog, hollwybodol. Mae'r ddadl deleolegol yn pwyso ar y ddadl ontolegol; os yw'r ddadl ontolegol yn methu, mae'r ddadl deleolegol yn methu yn ogystal. Efallai fod gan natur ryw fath o 'ddylunydd', medd Kant – roedd yn ysgrifennu hanner canrif a mwy cyn Charles Darwin ac Alfred Russel Wallace, wrth gwrs – ond does dim rheswm i ni gymryd bod y 'dylunydd' yma'n cyfateb i Dduw hollalluog, hollwybodol, hollgariadus y crefyddau Abrahamaidd.[15]

Yn sicr nid yw Kant yn gwadu'r posibilrwydd fod Duw yn bodoli, fel y gwelwn. Ond does dim lle yn ei athroniaeth feirniadol i'r dadleuon traddodiadol o blaid ei fodolaeth.

Ffiniau rheswm pur

Trwy ymwrthod â'r dadleuon traddodiadol o blaid bodolaeth Duw, mae Kant yn dilyn canllawiau ei brosiect athronyddol ehangach. Roedd yn ddrwgdybus ynglŷn â honiadau athronwyr metaffisegol y gorffennol i ddarganfod y gwir am natur realiti trwy ymresymu'n unig. Mae teitl ei lyfr enwog, *Beirniadaeth y Rheswm*

Pur, yn tystio i'r safbwynt hwn. Mewn gwirionedd, medd Kant, gallwn gael dealltwriaeth ddamcaniaethol am y byd *ffenomenaidd* yn unig – hynny yw, y byd fel y mae'n ymddangos i ni o'n safbwynt dynol, gyda'n set benodol o synhwyrau a strwythur penodol ein meddyliau. Rhaid i ni ganfod y byd o'n cwmpas trwy gyfrwng gofod ac amser, er enghraifft, ac o fewn fframwaith achos ac effaith; felly mae ein realiti ffenomenaidd ni'n amserol ac yn ofodol, ac yn cynnwys effeithiau'n dilyn eu hachosion. Gall rheswm pur ddarganfod gwirioneddau damcaniaethol am ein realiti ffenomenaidd, yn sicr. Ond ni all gamu tu hwnt i'r ffiniau hyn a chanfod realiti *nwmenaidd*, sef y byd fel y mae ar wahân i'n safbwynt ni tuag ato, y byd o bethau fel y mae ynddo'i hunan. Efallai fod pethau ynddynt eu hunain yn bodoli heb ofod ac amser, ac yn ddi-achosol, er enghraifft. Fedrwn ni byth wybod.

Er bod syniadau Kant yn syfrdanol o ryfedd, mae ei honiad craidd yn ddigon synhwyrol, mewn gwirionedd: rhaid i ni fel bodau dynol weld y byd *o safbwynt bodau dynol*, a fedrwn ni byth gamu tu allan i'n hunain i weld y byd fel y mae *heb unrhyw safbwynt*. Camgymeriad athronwyr fel Anselm, Descartes, a Leibniz oedd gwthio rheswm pur tu hwnt i'w briod ffiniau, a cheisio darganfod gwirioneddau damcaniaethol am y byd nwmenaidd – gwirioneddau fel bodolaeth (neu anfodolaeth) Duw. Prif nod prosiect athronyddol Kant yw cefnu ar y dull metaffisegol hwn a sefydlu math o athroniaeth feirniadol, sydd yn parchu ffiniau rheswm pur, yn ei le. Felly, hyd yn oed pe bai'r dadleuon ontolegol, cosmolegol a theleolegol yn gweithio *fel dadleuon*, byddai Kant yn parhau i'w gwrthod. Maent yn gwthio rheswm pur yn rhy bell.

Oherwydd cyfyngiadau rheswm pur, wedi ei garcharu o fewn agwedd ffenomenaidd y byd, mae yna ambell gwestiwn na fedrwn ni ei ateb (gyda gwybodaeth ddamcaniaethol, o leiaf). Cwestiynau am natur y byd nwmenaidd, yn bennaf. Ymddengys fel pe bai dau ateb hollol ddilys i'r cwestiynau hyn, heb unrhyw fodd i'n rheswm dorri'r ddadl rhwng y ddau. Mae Kant yn galw'r penblethau hyn yn 'gwrthebiaethau rheswm pur'. Er enghraifft, dyma'r trydydd gwrthebiaeth:

Gosodiad: 'Ni ddeillia holl ymddangosiadau'r byd o achosiaeth yn ôl deddfau natur yn unig. Mae angen yn ogystal cymryd bod yna achosiaeth arall, trwy ryddid, i'w egluro'. (Mae ewyllys rydd yn bodoli)

Gwrth-osodiad: Nid oes rhyddid, yn hytrach mae popeth yn y byd yn digwydd yn ôl deddfau natur yn unig'. (Nid yw ewyllys rydd yn bodoli.)[16]

Mae'r gosodiad a'r gwrthosodiad ill dau yn medru dwyn perswâd. Rydym yn teimlo'n gryf iawn, iawn, bod gennym ewyllys rydd, bod ein gweithredoedd a phenderfyniadau yn tarddu ohonom ni ein hunain. Mae hi bron yn amhosib i mi *wadu* mai fi fy hun sy'n gyfrifol am symudiadau fy nghorff a'r geiriau rwy'n ysgrifennu'r foment hon. Ar yr un pryd, mae pob darn o dystiolaeth wyddonol, dealltwriaeth ffisegwyr o amser yn ogystal â dealltwriaeth niwrolegwyr o'r ymennydd, yn awgrymu fod penderfyniaeth yn wir, ein bod ni'n dilyn cludfelt peiriannol tuag at ddyfodol diysgog. Nid oes modd dewis rhwng y gosodiad a'r gwrth-osodiad, ac ni all rheswm pur gynnig ateb damcaniaethol i'r cwestiwn 'a oes gennym ewyllys rydd?'

Efallai fod yna un ddihangfa bosib, awgryma Kant. Gallai gosodiad y gwrthebiaeth fod yn wir yn achos realiti nwmenaidd, a'r gwrth-osodiad yn wir yn achos realiti ffenomenaidd. Efallai bod gan yr hunan nwmenaidd − beth bynnag ydym mewn gwirionedd, ar wahân i'n safbwynt ar ein hunain − ewyllys rydd. Yn y byd nwmenaidd, tu hwnt i ofod ac amser, achos ac effaith, efallai fy mod yn hollol rydd. Ond yn y byd ffenomenaidd hwn, o fewn strwythurau gofod ac amser, achos ac effaith, rhaid i mi ufuddhau i ddeddfau natur a dilyn y llwybr o'm blaen. Dyma'r posibilrwydd o leiaf. Fedrwn ni byth wybod gyda sicrwydd damcaniaethol.

Ac mae'r un peth yn wir am bedwaredd wrthebiaeth rheswm pur:

Gosodiad: 'Mae yna fod hollol angenrheidiol sydd yn perthyn i'r byd, naill ai fel rhan ohono neu fel ei achos.' (Mae Duw yn bodoli.)

Gwrth-osodiad: 'Does dim bod hollol angenrheidiol sydd yn perthyn i'r byd, naill ai fel rhan ohono neu fel ei achos.' (Nid yw Duw yn bodoli.)[17]

Yn ôl pob arwydd, mae'r gwrth-osodiad yn ymddangos yn achos y byd ffenomenaidd. Does dim lle i Dduw yn y darlun o realiti a gynllunnir gan ein synhwyrau, neu ein dulliau gwyddonol. *Efallai* fod Duw yn bodoli tu allan i'r cynllun hwn, yn realiti nwmenaidd – i gredinwyr, yn amlwg, mae bodolaeth Duw yn ymddangos yr un mor sicr ag ewyllys rydd – ond does dim modd i ni ennill dealltwriaeth ddamcaniaethol o'r realiti hwn. Ni all rheswm pur fyth dorri'r ddadl rhwng bodolaeth ac anfodolaeth Duw.

Fe fyddech chi'n erfyn, efallai, i Kant ddirwyn ei ddadleuon ynghylch Duw i ben wedi'r honiadau hyn. Beth arall sydd i'w ddweud, wedi'r cyfan? Ond mae yna un cam arall yn ei drafodaeth, cam sy'n rhoi agwedd hollol wahanol ar gwestiwn bodolaeth Duw. Er mwyn deall y cam hwn, rhaid troi at athroniaeth foesol Kant.

Dyletswydd a hapusrwydd

Mae yna dipyn o wirionedd yn y syniad cyffredin fod moeseg Kant yn llym ac yn feichus. Yn *Beirniadaeth Y Rheswm Ymarferol*[18] (yr ail feirniadaeth), *Cynseiliau Metaffiseg Moesau*[19] a thestunau eraill, mae Kant yn dadlau o blaid math o foeseg ddeontolegol – hynny yw, moeseg sy'n canolbwyntio ar *ddyletswydd*, nid canlyniadau, rhinwedd, neu hapusrwydd. Mae yna ddeddf foesol gyffredinol sy'n hygyrch i bob bod rhesymol, yn ôl Kant, a dim ond pan fyddwn yn gweithredu allan o barch tuag at y ddeddf foesol yna, gallwn ystyried ein gweithredoedd fel rhai moesol dilys. Mae cymhelliad hapusrwydd, hyd yn oed hapusrwydd mwyaf y nifer mwyaf, yn hollol anfoesol, yn nhyb Kant. Mater o ddyletswydd yw moeseg, nid hapusrwydd. *Ffurf* ein gweithredoedd sy'n bwysig, nid eu canlyniadau. Rhaid sicrhau bob tro bod ein gweithredoedd yn cyd-fynd gyda'r gorchymyn categorig:

> Gweithreda'n unig yn ôl y rheol y gelli ar yr un pryd ewyllysio iddi ddod yn ddeddf gyffredinol.[20]

Rhaid ei bod hi'n bosib cyffredinoli rheol fy ngweithred, ar ffurf deddf y byddai pob bod rhesymol yn medru ei dilyn. Os felly, mae fy ngweithred yn un foesol gywir, ac mae gennyf ddyletswydd i'w chyflawni; os na, mae fy ngweithred yn un foesol anghywir, ac mae gennyf ddyletswydd i'w hosgoi.

Ystyriwch wneud addewid ffals, un o enghreifftiau Kant yn y *Cynseiliau*. Bwriwch fy mod yn benthyg swm o arian, gan addo (yn dwyllodrus) i'w dalu yn ôl yn fuan. Ydi'r addewid ffals yma'n foesol? Y cam cyntaf, yn ôl Kant, yw dod o hyd i reol y weithred, y rheol ymhlyg rwy'n ei dilyn wrth ei chyflawni. 'Pan gredaf fod angen arian arnaf byddaf yn benthyg arian ac yn addo i'w dalu'n ôl, er fy mod yn ymwybodol na fydd hyn byth yn digwydd', er enghraifft.[21] Ydy hi'n bosib cyffredinoli'r rheol hon, fel deddf i bawb ei dilyn? Nag ydyw, yn sicr. Dychmygwch fyd lle roedd addo twyllodrus yn ddeddf gyffredinol, lle roedd pawb yn addo'n dwyllodrus drwy'r amser. Ni fyddai'n bosib gwneud addewid o gwbl, mewn byd o'r fath: petai pob addewid yn un ffals, ni fyddai unrhyw un yn addo unrhyw beth yn y lle cyntaf. Os mai celwydd yw'r rheol, mae gwirionedd yn ddiystyr. Gan nad yw'n bosibl cyffredinoli rheol y weithred – ddim yn bosib dychmygu byd cydlynol lle mae'r rheol yn un gyffredinol, ac i ewyllysio'r weithred mewn byd o'r fath – mae'r weithred yn methu prawf y gorchymyn categorig. *Nid* yw gwneud addewid ffals i gael gafael ar swm o arian yn foesol gywir, ac mae gennyf ddyletswydd absoliwt *i beidio* ei gyflawni.

Mae moeseg Kant yn drylwyr dros ben, ac yn gofyn llawer ohonom. Os oes gennym ddyletswydd absoliwt i beidio â dweud celwydd neu addo'n dwyllodrus, fedrwn ni byth wneud y pethau hyn, o dan unrhyw amodau, beth bynnag fo'r canlyniadau.[22] Ac felly yn achos pob dyletswydd arall. Dilyn ein dyletswydd sy'n bwysig, yn ôl Kant, nid canlyniadau dilyn ein dyletswydd yn nhermau hapusrwydd neu anhapusrwydd. A dyma ble mae problem ddifrifol yn codi.

Y da goruchaf

O fewn trefn foesol Kant, fe fyddai'n bosib i rywun gyflawni ei ddyletswydd foesol i'r gair, heb fymryn o hapusrwydd. Fe allwn ni ddilyn y ddeddf foesol ar bob achlysur, sicrhau bod pob un o fy ngweithredoedd yn cyd-fynd â'r gorchymyn categorig, ac yn y pen draw brofi bywyd llawn annedwyddwch. Gallai cymdeithas gyfan, hyd yn oed, ufuddhau i'r ddeddf foesol (efelychu 'teyrnas dibenion', yng ngeiriau Kant), heb sefydlu hapusrwydd cyffredinol. Am foeseg! Fel mae Kant ei hun yn cydnabod, mae cyflwr o rinwedd heb hapusrwydd yn annigonol, ac yn tanseilio ein ffydd yn y ddeddf foesol. Efallai fod ein rheswm damcaniaethol yn deall mai dau beth ar wahân yw rhinwedd a hapusrwydd, ond mae ein *rheswm ymarferol* yn dyheu i'r ddau beth gyfateb.

Beth sydd ei angen arnom, er mwyn i'r ddeddf foesol fod yn gredadwy, yw'r gallu i gredu yn y Summum Bonum, neu'r 'da goruchaf' – cyflwr lle mae gweithredu'r ddeddf foesol, yn gyflawn, yn cyd-fynd gyda hapusrwydd cyffredinol. Er mwyn i ni gymryd y ddeddf foesol o ddifri, mae rheswm ymarferol yn galw am *hapusrwydd cyflawn ar y cyd gyda rhinwedd cyflawn*. 'Y mae'n dadlau fod moesoldeb ei hun yn gofyn am ryw gysondeb rhwng rhinwedd a hapusrwydd', yng ngeiriau H. O. Mounce.[23] Nid fel cyd-ddigwyddiad amodol yn unig, pwysleisia Kant, ond fel cydamseroldeb addas rhwng rhinwedd a hapusrwydd rhaid i ni *haeddu* ein hapusrwydd, *oherwydd* ein rhinwedd moesol. Mae dyletswydd arnom, yn ôl Kant, i wireddu'r cyflwr hwn. Ac er mwyn gweithredu er mwyn hyrwyddo'r Summum Bonum, rhaid i ni gredu fod y cyflwr hwn yn bosib. Fedrwn ni ddim cael ein hysbrydoli gan rith amhosibl.

Dyma beth mae Kant yn cyfeirio ato fel y da goruchaf, felly: cyflwr o hapusrwydd cyflawn sy'n cyd-fynd â rhinwedd cyflawn, hapusrwydd sydd yn deilwng i'r (o'r) rhinwedd, ac wedi ei ddosbarthu yn gymesur â'n rhinwedd:

> Nawr, i'r graddau bod meddu ar hapusrwydd a rhinwedd gyda'i gilydd yn golygu meddu ar y da goruchaf mewn person, a bod dosraniad o hapusrwydd cymesur â moesoldeb (fel gwerth person a'i deilyngdod i fod yn hapus) yn golygu'r *da goruchaf* mewn byd posib, mae'r ail yn golygu'r da cyfan, cyflawn, ond o fewn hynny, rhinwedd fel amod yw'r da pennaf bob amser, gan nad oes ganddo amod pellach tu hwnt iddo'i hun, tra nad yw hapusrwydd, er ei fod bob amser yn ddymunol i'r sawl sy'n meddu arno, yn rhywbeth sydd ynddo'i hun yn gyfan gwbl ac yn ddiamod yn dda, ond bob tro'n rhagdybio ymddygiad moesol cyfreithlon fel ei amod.[24]

Er mwyn i foeseg deontolegol llym Kant fod yn gredadwy, rhaid i ni gredu ym mhosibilrwydd y da goruchaf. Ond, wrth gwrs, does dim llawer o dystiolaeth o'i blaid yn y byd o'n cwmpas. Mae'r da yn dioddef a'r drwg yn ffynnu, yn aml *oherwydd* eu daioni a'u drygioni, fel petai dim cysylltiad o gwbl rhwng rhinwedd a hapusrwydd. Nid oes deddf naturiol sy'n dosbarthu hapusrwydd cymesur â rhinwedd. Nid oes deddf gymdeithasol chwaith. Gallwn ymdrechu i wella cymdeithas, i greu byd teg a chyfiawn, ond hyd yn oed mewn iwtopia fedrwn ni byth sicrhau fod hapusrwydd ac anhapusrwydd wedi eu dosbarthu *yn union yn ôl rhinwedd* – mae'r gorchwyl yn llawer rhy fanwl. Dydy hi ddim yn bosib i ymdrechion unigolion wireddu'r da goruchaf, na'r gymuned gyfan chwaith. Ymddengys, o ganlyniad, mai rhith yw'r cyfan:

> Os, felly, mae'r da goruchaf yn amhosib yn ôl rheolau ymarferol, rhaid bod y ddeddf foesol, sydd yn ein gorchymyn i'w hyrwyddo, yn anhygoel, ac wedi ei hanelu at ddibenion dychmygol gwag, ac felly ei hun yn ffals.[25]

Oes angen cefnu ar foeseg Kant, felly? Dim o anghenraid. Er mwyn credu ym mhosibilrwydd gwireddu'r da goruchaf, ac felly'r ddeddf foesol, mae Kant yn dadlau fod rhaid i ni'n gyntaf gredu mewn dau beth, dau o *osodiadau rheswm ymarferol pur*, sef *bodolaeth Duw*, a *bywyd tragwyddol*.

Pam bywyd tragwyddol? Cofiwch fod rhaid i hapusrwydd yng nghyflwr y da goruchaf gael ei ddosrannu yn gymesur â rhinwedd – rhaid i ni haeddu ein hapusrwydd. Er mwyn haeddu hapusrwydd perffaith, rhaid bod yn foesol berffaith. Nawr, does dim digon o amser o fewn oes ddynol i'r unigolyn brofi digon o wellhad moesol, iddo ef neu hi gyrraedd rhinwedd perffaith (hynny yw, dilyn y ddeddf foesol ar bob achlysur, heb eithriad). Ac wrth gwrs, mae gan fodau dynol meidrol duedd gynhenid tuag at roi blaenoriaeth i awydd a chwant, nid dyletswydd, fel mae Kant yn dadlau yn *Crefydd Oddi Mewn i Derfynau Rheswm yn Unig*.[26] Medrwn ddychmygu rhinwedd perffaith dim ond os dychmygwn *wellhad diddiwedd*, cynnydd moesol diddiwedd ar ran unigolyn. Rhaid felly dychmygu amser diddiwedd er mwyn i hyn ddigwydd, a pharhad yr unigolyn dros amser – felly, rhaid dychmygu bywyd tragwyddol, ac enaid anfarwol.

Pam Duw? Fel y gwelsom, mae sicrhau'r berthynas fanwl a

rheidiol rhwng rhinwedd a hapusrwydd, sydd yn elfen o'r da goruchaf, tu hwnt i allu dynol. Rhaid credu ei bod hi'n bosib dosbarthu hapusrwydd cymesur â daioni moesol, i'r dim. Ni allai unrhyw unigolyn neu gymuned ddynol, beth bynnag eu hymdrechion, sicrhau dosbarthiad o'r fath. Felly, mae Kant yn dadlau, rhaid cymryd bod yna 'achos i natur, ar wahân i natur, sydd yn cynnwys sail y berthynas hon, hynny yw, y gyfatebiaeth fanwl rhwng hapusrwydd a moesoldeb.'[27] Hynny yw, dim ond Duw all sicrhau fod hapusrwydd wedi ei ddosbarthu yn ôl rhinwedd.

'Felly', yng ngeiriau Mounce, 'dadleua Kant fod bodolaeth Duw ac anfarwoldeb yn amodau angenrheidiol i'r ddeddf foesol.'[28] Wedi iddo wrthod y dadleuon ontolegol, cosmolegol a theleolegol yn y *Feirniadaeth* gyntaf, felly, mae Kant yn yr ail *Feirniadaeth* yn dyfeisio dadl hollol wahanol ynghylch bodolaeth Duw – *dadl foesol*. Er mwyn cymryd y ddeddf foesol o ddifri, rhaid credu ym mhosibilrwydd y da goruchaf; er mwyn credu ym mhosibilrwydd y da goruchaf, rhaid credu yn Nuw.

Dadl foesol a Duw moesol?

Efallai fod yr honiadau hyn yn ymddangos yn fympwyol ac yn ddi-sail, wedi i Kant wrthod yr holl ddadleuon traddodiadol o blaid bodolaeth Duw, a dadlau fod realiti nwmenaidd tu hwnt i'n rheswm damcaniaethol. Ond mewn gwirionedd, maent yn gyson gyda'i ddaliadau athronyddol. Nid yw Kant fyth yn dadlau *yn erbyn* bodolaeth Duw. Byddai'r honiad 'nid oes Duw' hefyd, yn gwthio rheswm damcaniaethol tu hwnt i'w ffiniau priod, tu hwnt i'n byd ffenomenaidd. Ystyria Kant gwestiwn bodolaeth Duw fel un o wrthebiaethau rheswm pur, lle mae'r gosodiad ('mae yna Dduw') yr un mor debygol â'r gwrthosodiad ('nid oes Duw'), ac ni all rheswm damcaniaethol dorri'r ddadl rhwng y ddau. Mae'r posibilrwydd fod yna Dduw yn un agored. Er nad oes gennym wybodaeth ddamcaniaethol bendant, mae yna le i gredu yng ngwirionedd y pethau hyn, petai gennym resymau da i gredu.

Yn ogystal, nid yw dadl foesol Kant yn gwthio rheswm damcaniaethol tu hwnt i'w briod ffiniau. Yn *Beirniadaeth y Rheswm Pur,* mae Kant yn dod i nifer o gasgliadau. Fedrwn ni ddim cael dealltwriaeth ddamcaniaethol am bethau megis bodolaeth Duw, ewyllys rydd, ac anfarwoldeb yr enaid. Mae'r gwirionedd am y pethau hyn yn perthyn i realiti nwmenaidd, ac fel bodau dynol medrwn ddeall realiti ffenomenaidd yn unig. Camgymeriad ar ran athronwyr metaffisegol, fel Anselm a Descartes, oedd ceisio profi pethau o'r fath, hynny yw, ceisio ennill gwybodaeth ddamcaniaethol ohonynt, gan ddefnyddio rheswm yn unig.

Gyda'r ddadl ynghylch y da goruchaf yn *Beirniadaeth y Rheswm Ymarferol,* mae Kant yn mynd gam ymhellach. Ni allwn ni gael dealltwriaeth *ddamcaniaethol* o'r pethau hyn, dim ond dealltwriaeth *ymarferol.* Hynny yw, dealltwriaeth sy'n deillio o'n hanghenion moesol. Mae rheswm ymarferol yn ymwneud â'r hyn mae'n rhaid i ni gredu er mwyn gwireddu moeseg, nid yr hyn sy'n wrthrychol wir. Mater o'n rheswm ymarferol ydyw bodolaeth Duw, un o'r pethau mae angen i ni ragdybio er mwyn ymddwyn yn foesol yn y lle cyntaf. Mae'r dadleuon hyn o'r ail *Feirniadaeth* yn cyd-fynd i'r dim gyda phrosiect y *Feirniadaeth* gyntaf. Mae Kant yn amlinellu terfynau rheswm pur, ac yna yn dangos beth y gall rheswm ymarferol ei gyflawni. 'Yn ei weithiau diweddarach', medd Mounce, 'daw Kant yn agos at ddadlau fod ffydd ymarferol yn wybodaeth ymhlyg sy'n *rhagori* ar wybodaeth sydd ar ffurf wyddonol neu ddamcaniaethol.'[29]

Dyma'r gwahaniaeth hollbwysig. Nid dadl *dros fodolaeth Duw* yw dadl foesol Kant, fel y dadleuon ontolegol, cosmolegol, a theleolegol. Yn hytrach, dadl *dros gredu yn Nuw* ydyw, un sy'n dibynnu ar reswm ymarferol ac yn anelu at ddealltwriaeth ymarferol yn unig. Fe ddylem gredu yn Nuw er mwyn medru credu ym mhosibilrwydd y da goruchaf, er mwyn medru bod yn foesol.

Ac, efallai, dyna beth sy'n gwneud y ddadl foesol mor

ddeniadol, yn y byd cyfoes. Mae llawer o bethau wedi newid ers i Kant ysgrifennu ei destunau athronyddol, ar anterth yr Ymoleuad Ewropeaidd. Mae ffiniau'r sanctaidd a'r seciwlar wedi ymestyn a chyfyngu, heb gynnig unrhyw sicrwydd am le crefydd o fewn ein cymdeithas fyd-eang fodern.[30] I lawer ohonom, mae hi'n anodd cymryd credoau crefyddol o ddifri fel gwirioneddau ffeithiol, bellach. Ni fedrwn ymddiried ynddynt gyda'n rheswm damcaniaethol, yn nhermau Kantaidd. Yr hyn sy'n ymddangos yn werthfawr, i anffyddiwr fel fi o leiaf, yw craidd moesol crefydd. Os gall rheswm ymarferol seilio daliadau moesol cadarn ar fodolaeth Duw – fel mae Kant yn honni gyda'i ddadl foesol – dyna reswm da i ni fod yn agored i'r *posibilrwydd* o gredu. Yn y byd sydd ohoni, efallai Duw moesol Kant, nid Duw ffeithiol Anselm a Descartes, fydd yn cario'r dydd.

Nodiadau

[1]   Immanuel Kant, "Über das Mißlingen aller philosophischen Versuche in der Theodicee" (1791). Gweler cyfieithiad Saesneg George di Giovanni, "On the miscarriage of all philosophical trials in theodicy," yn Immanuel Kant, *Religion and Rational Theology* (Cambridge University Press, 2005), tt 24-37.

[2]   Immanuel Kant, *Die Religion innerhalb der Grenzen der bloßen Vernunft*, rhan 4 (6.151-6.202) (1793). Gweler cyfieithiad Saesneg George di Giovanni, "Religion within the boundaries of mere reason," yn Immanuel Kant, *Religion and Rational Theology* (Cambridge University Press, 2005), tt. 175-215.

[3]   Immanuel Kant, *Der Streit der Fakultäten* (1798). Gweler cyfieithiad Saesneg Mary J. Gregor a Robert Anchor, "The conflict of the faculties," yn Immanuel Kant, *Religion and Rational Theology* (Cambridge University Press, 2005), tt. 245-93.

[4]   Anselm, *Proslogion*, cyf. John FitzGerald (Coleg Prifysgol Cymru, 1982), t. 5.

[5]   René Descartes, Y Traethawd a'r Myfyrdodau, cyf. John FitzGerald (Coleg Prifysgol Cymru, 1982), t 107.

[6]   Anselm, *Proslogion*, t. 6.

[7]   Descartes, *Myfyrdodau*, t. 87

[8]   Descartes, *Myfyrdodau*, t. 107.

[9]   Immanuel Kant, "Amhosibilrwydd Profi'n Ontolegol Fod Yna Dduw" (o *Beirniadaeth y Rheswm Pur*, "Y Dilechdid Trosgynnol," III.4 A599/B627), yn J. I. Daniel a John FitzGerald cyf. a gol., *Ysgrifau Athronyddol ar Grefydd*

(Gwasg Prifysgol Cymru, 1982), tt. 12-3. Cyfieithiad wedi ei addasu i ddangos y pwyslais yn y testun Almaeneg gwreiddiol.

10 Ibid, A599/B627 t. 13. O dan ddylanwad David Hume, bathodd Kant y gwahaniaeth rhwng dyfarniad analytig a dyfarniad synthetig. Mae dyfarniad analytig yn dadansoddi cysyniad, yn tynnu allan y traethiadau sydd yn rhan ohono gyda rheswm yn unig. Trwy ymresymu'n analytig, gallwn wybod bod y frawddeg "ebol yw pob ceffyl ifanc" yn wir – does ond angen deall ystyr y geiriau. Mae dyfarniad synthetig yn ieuo traethiad nad yw'n rhan annatod o'r cysyniad i'r cysyniad yna. Felly, fel arfer mae angen defnyddio'r synhwyrau i wneud dyfarniad synthetig. Dim ond trwy ddyfarnu'n synthetig y gallwn wybod os yw'r frawddeg "mae fy nghrys yn goch" yn wir ai peidio. Dydy'r traethiad "coch" ddim yn rhan annatod o'r cysyniad "crys," felly rhaid defnyddio'r synhwyrau er mwyn penderfynu os yw'r traethiad "coch" yn perthyn i'r crys penodol yma. Mae Kant yn beirniadu Descartes ac Anselm am drin cwestiwn bodolaeth Duw fel petai'n un analytig, nid un synthetig.

11 Ibid, A602/B630, t. 15.

12 Immanuel Kant, *Kritik der reinen Vernunft* (1781), A603/B631-A614/B642. Gweler cyfieithiad Saesneg Paul Guyer ac Allen W. Wood, *Critique of Pure Reason* (Cambridge University Press, 2009), tt. 569-75.

13 Kant, *Kritik der reinen Vernunft*, A623/ B651. Gweler Daniel a FitzGerald, *Ysgrifau Athronyddol ar Grefydd*, t. 33.

14 Ceir enghreifftiau o'r ddadl deleolegol yn yr Hen Destament (Salmau 19:1), y Testament Newydd (Rhufeiniaid 1:19-21), a'r Corân (16:8). Mae Kant yn dychwelyd i rai o agweddau'r ddadl yn y trydydd Beirniadaeth, ond does dim lle i drafod y mater yma.

15 Kant, *Kritik der reinen Vernunft*, A621/B649-A630/B658 (tt. 578-583 yng nghyfieithiad Guyer a Wood).

16 Kant, *Kritik der reinen Vernunft*, A444/B472-A451/B479, fy nghyfieithiad i. (tt. 484-9 yng nghyfieithiad Guyer a Wood).

17 Kant, *Kritik der reinen Vernunft*, A452/B480-A461/B489, fy nghyfieithiad i. (tt. 490-5 yng nghyfieithiad Guyer a Wood).

18 Immanuel Kant, *Kritik der praktischen Vernunft* (1788). Gweler cyfieithiad Saesneg Mary J. Gregor, "Critique of Practical Reason," yn Immanuel Kant, *Practical Philosophy* (Cambridge University Press, 2008), tt. 137-258.

19 Immanuel Kant, *Grundlegung zur Metaphysik der Sitten* (1785). Gweler cyfieithiad Saesneg Mary J. Gregor, "Groundwork of the Metaphysics of Morals," yn Immanuel Kant, *Practical Philosophy* (Cambridge University Press, 2008), tt. 41-108.

20 Kant, *Grundlegung*, 4:421. Cyfieithiad Cymraeg gan Walford Gealy, wedi ei dynnu o H. O. Mounce, "Immanuel Kant," yn John Daniel a Walford L. Gealy gol., *Hanes Athroniaeth y Gorllewin* (Gwasg Prifysgol Cymru, 2009), t. 426. Dyma un fersiwn o'r gorchymyn categorig, fformiwla'r deddf cyffredinol. Mae yna eraill, e.e. fformiwla dynoliaeth: "Gweithreda fel na fyddi byth yn trin dynoliaeth, boed yn dy berson di neu ym mherson neb

arall, fel modd yn unig, ond yr un pryd bob tro fel diben." (Mounce t. 427.)

21 Kant, *Grundlegung*, 4:422, fy nghyfieithiad i. (t. 74 yng nghyfieithiad Gregor.)

22 Beirniadawyd Kant gan ei gyfoeswyr am natur llym ac anhyblyg ei foeseg. Dyma'r gwleidydd ac awdur Ffrengig Benjamin Constant, er enghraifft, yn defnyddio'r enghraifft trawiadol o lofrudd wrth y drws, sy'n gofyn os ydi'ch ffrind yn cuddio rhagddo tu fewn i'r tŷ. Ydy Kant yn wirioneddol yn honni bod dyletswydd gennym i ddweud y gwir wrth y llofrudd? Mae Kant yn ymateb i feirniadaeth Constant yn "Über ein vermeintes Recht, aus Menschenliebe zu lügen" (1797). Gweler cyfieithiad Saesneg Mary J. Gregor, "On a supposed right to lie from from philanthropy," yn Immanuel Kant, *Practical Philosophy* (Cambridge University Press, 2008), tt. 609-15.

23 Mounce, "Immanuel Kant," t. 432.

24 Kant, *Kritik der praktischen Vernunft*, 5:111, fy nghyfieithiad i. (t. 229 yng nghyfieithiad Gregor.)

25 Kant, *Kritik der praktischen Vernunft*, 5:114, fy nghyfieithiad i. (t. 231 yng nghyfieithiad Gregor.)

26 Gweler Kant, *Die Religion innerhalb der Grenzen der bloßen Vernunft*, yn enwedig rhan un.

27 Kant, *Kritik der praktischen Vernunft*, 5:125, fy nghyfieithiad i. (t. 240 yng nghyfieithiad Gregor.)

28 Mounce, "Immanuel Kant," t. 433.

29 Mounce, "Immanuel Kant," t. 421.

30 Gweler Dafydd Huw Rees, "Croeso i'r Byd Ôl-Seciwlar," *O'r Pedwar Gwynt*, 8 (2018).

Ateb i'r Cwestiwn: 'Beth yw Goleuedigaeth?'

Immanuel Kant

Cyfieithwyd o'r Almaeneg gan Dafydd Huw Rees a Garmon Iago

YMADAWIAD DYNOLRYW O'U DIBYNIAETH hunan-osodedig yw goleuedigaeth. Dibyniaeth yw'r anallu i ddefnyddio eich dealltwriaeth heb arweiniad eraill. Mae'r ddibyniaeth hwn yn *hunan-osodedig*, os nad yw ei achos yn gorwedd mewn diffyg y deall, ond yn hytrach mewn diffyg penderfyniad a dewrder, i'w ddefnyddio heb arweiniad eraill. *Sapere aude!* Magwch y dewrder i ddefnyddio eich dealltwriaeth *eich hun!* felly, yw arwyddair yr oleuedigaeth.

Diogi a llwfrdra yw'r rhesymau, pam bod rhan helaeth o ddynolryw, hyd yn oed wedi i natur eu hen ryddhau rhag arweiniad estron (naturaliter maiorennes),[1] eto'n falch i aros yn ddibynnol gydol eu hoes; a pham ei bod mor hawdd i eraill sefydlu eu hunain fel eu gwarcheidwaid. Mae hi mor gyfforddus i fod yn ddibynnol. Os oes gennyf lyfr i ddeall drosof, gweinidog i fod yn gydwybod drosof, meddyg i ddyfarnu ar ddiet drosof, a.y.b., nid oes angen i mi drafferthu fy hun o gwbl. Nid oes raid i mi feddwl, pe medrwn ond talu; bydd eraill yn cyflawni'r busnes blinderus drosof. Mae'r gwarcheidwaid hyn, sydd wedi bod mor raslon â chymryd goruchwyliaeth dros ddynolryw, wedi sicrhau bod y rhan helaethaf o ddynolryw (gan gynnwys y rhyw deg i gyd) yn ystyried y cam tuag at annibyniaeth fel un llafurus, a pheryglus dros ben yn ogystal. Wedi iddynt wneud eu gwartheg dof yn ddwl yn y lle cyntaf, a sicrhau'n ofalus nad yw'r creaduriaid heddychlon hyn yn meiddio cymryd yr un cam heb y llinynnau sydd yn eu tywys, yna dangosant iddynt y perygl sy'n eu bygwth, pe ceisient fentro allan ar eu pennau eu hunain. Nawr, nid yw'r perygl mor fawr â hynny, ac wedi ambell faglad byddent yn dysgu cerdded maes o law; ond mae enghraifft o'r math yma yn codi ofn arnynt, ac yn eu dychryn rhag rhoi cynnig arni eto.

Felly, mae'n anodd i unrhyw unigolyn dynol i ryddhau ei hunan o'r ddibyniaeth sydd bron wedi dod yn natur iddo. Daeth, hyd yn oed, yn hoff ohono, ac ar hyn o bryd mae'n wirioneddol analluog i wneud defnydd o'i ddealltwriaeth ei hun, gan nad yw pobl yn gadael iddo roi cynnig arni. Cadwyni dibyniaeth barhaol yw'r rheolau a'r fformiwlâu, yr offerynnau mecanyddol hynny, er mwyn gwneud defnydd (neu'n hytrach camddefnydd) rhesymegol o'i ddoniau naturiol. Petai unrhyw un yn llwyddo i'w diosg, byddai ond yn cymryd naid ansicr dros y ffos gulaf, gan ei fod yn anghyfarwydd gyda'r fath symudiad rhydd. O'r herwydd, nifer bach yn unig sydd wedi llwyddo, trwy drin eu meddyliau eu hunain, i ymryddhau o ddibyniaeth a dal i gerdded ymlaen yn gadarn.

Ond mae'n fwy tebygol y bydd i'r cyhoedd oleuo ei hun; yn wir, rhodded iddo ryddid, a bydd goleuedigaeth bron yn anochel. Oblegid fe fydd yna bob amser ambell un sydd yn meddwl drosto ei hun, hyd yn oed ymysg gwarcheidwaid penodedig y dyrfa fawr. Bydd rhain, wedi iddynt ddiosg iau dibyniaeth, yn ymledu o'u cwmpas ysbryd amcan rhesymol o werth yr unigolyn ac o alwedigaeth pob bod dynol i feddwl drosto ei hun. Yn enwedig, nodwch: gall y cyhoedd, a osodwyd yn flaenorol dan yr iau gan y gwarcheidwaid, yn ddiweddarach eu gorfodi nhw i aros oddi tani, os cânt eu hysgogi i wneud hynny gan rai o'u gwarcheidwaid sydd yn analluog i oleuo eu hunain: mor niweidiol yw plannu rhagfarnau, oherwydd dônt i ddial yn y diwedd ar eu hawduron, neu ar olynwyr eu hawduron. Felly, dim ond yn araf bach gall y

cyhoedd gyrraedd goleuedigaeth. Trwy ddulliau chwyldro efallai
y daw lleihad mewn desbotiaeth bersonol a gormes rheibus neu
orthrymus, ond ni ddaw gwir ddiwygiad mewn ffordd o feddwl;
yn hytrach daw rhagfarnau newydd, yr un mor gymwys â'r hen
rhai fel tenynnau i arwain y tyrfaoedd mawr difeddwl.

Rhyddid, a dim arall, sydd yn ofynnol er mwyn yr oleuedigaeth
hon; a bid siŵr, y peth mwyaf diniwed ymysg yr holl bethau
a elwir rhyddid, sef: rhyddid i wneud defnydd cyhoeddus o
reswm ym mhob peth. Ond clywaf yn awr yr alwad ar bob
ochr: peidiwch â dadlau! Dywed y swyddog: paid â dadlau, ond
ymarfera! Y casglwr trethi: paid â dadlau, ond tala! Y gweinidog:
paid â dadlau, ond creda! (Dim ond un teyrn yn y byd sy'n dweud:
dadleuwch cymaint â fynnoch am beth bynnag â fynnoch, *dim
ond i chi ufuddhau!*) Ym mhob man mae rhyddid wedi ei gyfyngu.
Eithr pa gyfyngiad, sy'n rhwystro goleuedigaeth? A pha un yn
lle ei rhwystro, sydd yn hytrach yn ei hyrwyddo? Atebaf: rhaid
i'r defnydd *cyhoeddus* o reswm bob amser fod yn rhydd, a hyn
yn unig sy'n medru creu goleuedigaeth ymysg bodau dynol;
ond gall y defnydd *preifat* fodd bynnag, gael ei gyfyngu'n llym
iawn yn aml, heb rwystro cynnydd goleuedigaeth rhyw lawer.
Ond wrth sôn am ddefnyddio rheswm yn gyhoeddus, golygaf y
defnydd gall unrhyw un ei wneud ohono fel *ysgolhaig*, gerbron
byd o ddarllenwyr fel cyhoedd. Galwaf y defnydd preifat o reswm
yr hyn caiff rhywun ei wneud fel deiliad rhyw swydd neu safle
dinesig. Nawr, mewn llawer o faterion sydd yn cyffwrdd ar fudd
y wladwriaeth, rhaid wrth rhyw beirianwaith i alluogi rhai o
aelodau'r wladwriaeth i ymddwyn mewn modd hollol oddefol,
er mwyn i'r llywodraeth eu gosod at ddibenion cyhoeddus trwy
unfrydedd artiffisial, neu o leiaf eu hatal rhag dinistrio'r dibenion
hynny. Yma, wrth gwrs, nid oes hawl i ddadlau: yn hytrach,
rhaid ufuddhau. Ond i'r graddau bod y rhan hon o'r peiriant yn
gweld ei hun ar yr un pryd fel aelod o'r wladwriaeth gyfan, neu
hyd yn oed o gymuned ddinesig fyd eang, ac felly yn rhinwedd ei

safle fel ysgolhaig yn apelio at y cyhoedd yn yr ystyr priodol gyda'i ysgrifau: gall yn sicr ddadlau, fel aelod goddefol, heb drwy hynny niweidio'r materion yna y mae'n rhannol gyfrifol amdanynt. Felly byddai'n ddinistriol iawn petai swyddog ar wasanaeth, wedi ei orchymyn i wneud rhywbeth gan ei uwch-swyddogion, yn mân-ddadlau'n uchel ynghylch addasrwydd neu ddefnyddioldeb y gorchymyn hwnnw; rhaid iddo ufuddhau. Ond ni all, gyda phob tegwch, gael ei wahardd rhag gwneud sylwadau am wendidau'r lluoedd arfog fel ysgolhaig, a gosod y rhain gerbron ei gyhoedd am ddyfarniad. Ni all y dinesydd wrthod talu'r trethi a osodir arno; gall hyd yn oed cwynion digywilydd am y fath ardollau pan ddylid eu talu (a allai ysgogi anufudd-dod cyffredinol), gael eu cosbi fel sgandal Ond, er gwaethaf hyn, nid yw'r un person yn gweithredu'n groes i ddyletswydd dinesydd pan yw, fel ysgolhaig, yn mynegi'n gyhoeddus ei syniadau am anaddasrwydd neu hyd yn oed anghyfiawnder trethi o'r fath. Yn yr un modd, mae'n rhaid i weinidog hyfforddi ei ddisgyblion a'i gynulleidfa yn ôl athrawiaeth yr eglwys y mae'n ei gweinyddu; cafodd ei gyflogi ar yr amod hon. Ond fel ysgolhaig mae ganddo'r rhyddid llwyr, a hyd yn oed y ddyletswydd, i hysbysu i'r cyhoedd ei holl feddyliau (wedi eu hystyried yn ofalus a llawn bwriadau da) ynghylch yr holl wallau yn yr athrawiaethau hyn ac awgrymu gwell ffyrdd i drefnu materion crefyddol ac eglwysig. Does dim byd yn hyn i bwyso ar ei gydwybod. Oblegid gall gyflwyno'r hyn y mae'n ei ddysgu o ganlyniad i'w swydd fel asiant yr eglwys fel rhywbeth nad oes ganddo rwydd hynt i'w ddysgu fel y gwêl yn dda, ond fel rhywbeth cafodd ei gyflogi i'w gyflwyno yn ôl rheol, ac yn enw un arall. Dywed: mae ein heglwys yn dysgu hyn a hyn; dyma'r dadleuon y mae'n eu defnyddio. Bydd wedyn yn dethol pob dim sydd o ddefnydd ymarferol i'w gynulleidfa allan o'r rheolau hyn, rheolau na fyddai ef ei hun o anghenraid yn ymddiried ynddynt yn gyfan gwbl, ond serch hynny y mae'n dal yn barod i'w ddatgan, oherwydd nid yw hi'n amhosib bod gwirionedd cudd yn celu tu mewn iddynt, neu o leiaf, dim byd sydd yn groes i hanfod crefydd. Petai'n credu bod unrhyw beth o'r fath ynddynt, ni allai gyflawni ei swydd gyda chydwybod lân; byddai'n rhaid iddo ymddiswyddo. Mae'r defnydd, felly, y mae'r athro cyflogedig yn ei wneud o'i reswm gerbron ei gynulleidfa, yn ddefnydd hollol breifat: gan taw dim ond cynulleidfa gartref sydd yma, beth bynnag bo'i faint; ac yn hyn o beth, nid yw, fel offeiriad, yn rhydd, ac ni all fod yn rhydd, gan ei fod yn cyflawni gorchymyn rhywun arall. Ar y llaw arall, fel ysgolhaig, sydd trwy ei ysgrifau yn siarad gyda'r gwir gyhoedd, sef y byd, mae'r gweinidog yn mwynhau rhyddid diderfyn i ddefnyddio'i reswm yn gyhoeddus, i ymarfer ei reswm ei hun ac i siarad ar ei ran ei hun. Oherwydd byddai mynnu y dylai gwarcheidwaid y bobl (mewn materion ysbrydol) fod yn annaeddfed eu hunain yn hurtrwydd i barhau hurtrwydd.

Ond oni ddylai cymdeithas o weinidogion, efallai rhyw gynulliad eglwysig, neu barchedig henaduriaeth (fel y maent yn galw ei hunain ymysg yr Iseldirwyr), gael yr hawl i dyngu llw ymhlith ei gilydd i ymrwymo eu hunain at ryw athrawiaeth ddigyfnewid, a thrwy hynny sefydlu uwch-warcheidwaeth parhaus dros eu holl aelodau, a thrwyddynt hwy dros y werin bobl, a hyn hyd yn oed am byth? Dywedaf: mae hyn yn bur amhosib. Byddai cytundeb o'r fath, a fyddai'n rhwystro'r hil ddynol rhag goleuedigaeth bellach am byth, yn hollol ddi-rym; hyd yn oed petai'n cael ei gadarnhau gan y grym uchaf, seneddau ymerodraethol, a'r cytundebau heddwch dwysaf. Ni all un oes ffurfio cynghrair a chynllwynio i osod yr oes ganlynol mewn cyflwr lle mae'n amhosib iddi ehangu ei gwybodaeth (yn enwedig ar faterion o bwys), i gywiro camgymeriadau ac yn gyffredinol i gamu ymhellach ymlaen tuag at oleuedigaeth. Byddai hynny'n drosedd yn erbyn y natur ddynol, gan mai tynged wreiddiol dynolryw yw'r cynnydd hwn; felly, mae gan y cenedlaethau a ddaw berffaith hawl i wrthod y penderfyniadau a fu, fel rhai heb awdurdod a gymerwyd mewn modd drygionus. Gorwedd maen prawf bob peth sy'n gymwys i bobl gytuno arno fel deddf yn y cwestiwn: allai pobl osod deddf o'r fath arnynt eu hunain? Nawr, fe fyddai'n bosib cyflwyno rhyw drefn am amser byr penodol, wrth ddisgwyl rhywbeth gwell, fel petai: tra ar yr un pryd yn rhoi rhwydd hynt i bob dinesydd, yn enwedig y gweinidog, fel ysgolhaig, i gyhoeddi, sef drwy ysgrifennu, ei sylwadau am ddiffygion y gyfundrefn bresennol. Yn y cyfamser, byddai'r drefn gyflwynedig hon yn parhau, nes fod y mewnwelediad i natur y pethau hyn yn dod yn fwyfwy cyhoeddus a phrofedig, hyd nes galluogi'r dinasyddion i uno eu lleisiau (os nad pob un) a dwyn awgrym gerbron y Goron. Gallent awgrymu i'r Goron gymryd dan ei nawdd y cynulleidfaoedd hynny oedd wedi cytuno i'r gyfundrefn grefyddol newydd, heb rwystro'r sawl oedd eisiau parhau gyda'r hen, yn unol, efallai a'u cysyniadau o fewnwelediadau rhagorach. Ond mae'n hollol waharddedig i dderbyn, hyd yn oed am gyfnod bywyd dynol yn unig, cyfansoddiad crefyddol parhaus gall neb ei amau ar goedd. Fe fyddai hyn fel petai'n dinistrio oes o gynnydd dynolryw tuag at wellhad, a'i gwneud yn ddiffrwyth, ond felly mwy na thebyg yn anfanteisiol, i'r cenedlaethau a ddaw. Gall person yn sicr ohirio goleuedigaeth iddo ef ei hun yn y pethau a ddylai wybod, a hynny ond am gyfnod yn unig; ond mae i un ymwrthod â goleuedigaeth iddo'i hun, a mwy fyth i'r dyfodol, yn golygu niweidio a sathru ar iawnderau sanctaidd dynoliaeth. Ond am yr hyn na fedr pobl benderfynu arno drostynt eu hunain, llai byth gall teyrn benderfynu arno ar ran y bobl; gan fod awdurdod deddfwriaethol y teyrn yn gorffwys yn union ar hyn, ei fod yn uno ewyllys cynulliadol y bobl yn ei ewyllys ef. Os ydyw ond yn sicrhau bod pob gwellhad gwir neu honedig yn cyd-fynd gyda threfn ddinesig: yna, gall yn y gweddill adael i'w ddeiliaid wneud ar eu pennau eu hunain unrhyw beth maent yn ei weld yn ofynnol i'w hiachawdwriaeth; nid yw hynny'n ddim o'i fusnes, ond beth sydd *yn* rhan o'i fusnes yw i sicrhau bod neb yn atal eraill drwy rym rhag gweithio gyda'u holl allu i bennu a hyrwyddo eu hiachawdwriaeth. Byddai ymyrryd yn y pethau hyn yn bychanu ei urddas, trwy ystyried yr ysgrifau lle mae ei ddeiliaid yn ceisio dod a'u ddealltwriaeth i'r amlwg yn gymwys i'w oruchwyliaeth lywodraethol, ac yn ogystal, os ydyw'n gwneud hyn ar sail ei ddealltwriaeth ragorach ei hun, mae'n agor ei hun i'r cerydd: *Caesar non est supra Grammaticos*,[2] a mwy fyth os ydyw'n israddio ei rym aruchel i gefnogi gormes ysbrydol ambell unben o fewn ei wladwriaeth dros weddill ei ddeiliaid.

Os gofynnir: "A ydyn ni'n byw yn awr mewn oes *oleuedig*?" yr ateb yw, "Na, ond rydym yn byw mewn oes o *oleuedigaeth*. Fel ac y mae'r sefyllfa bresennol, mae sawl diffyg sy'n atal dynion, fel cyfangorff, rhag medru – na chael eu rhoi mewn sefyllfa lle medrant – ddefnyddio eu dealltwriaeth yn hyderus ac yn gywir mewn materion crefyddol heb arweiniad rhywun arall. Ond mae rhai arwyddion clir fod y maes yn cael ei agor, er mwyn iddynt gael gweithio yn rhydd ynddo, ac mae'r llesteiriau sydd yn atal goleuedigaeth gyffredinol neu'r ymadawiad o'n cyflwr o ddibyniaeth yn dod yn fwy prin. Yn hyn o beth ein hoes yw'r oes o oleuedigaeth neu ganrif *Friedrich*.

Mae'r tywysog nad yw'n ei ystyried yn annheilwng o'i hunan i ddweud nad yw'n ei ystyried fel *dyletswydd* i benodi unrhyw safbwynt i ddynion parthed materion crefyddol, ond i adael rhyddid llwyr iddynt, ac sydd, drwy hyn, yn ymwrthod â'r teitl rhwysgfawr o '*oddefgar*', ei hun yn oleuedig, ac yn haeddu ei glodfori gan y presennol diolchgar a'r oesoedd i ddod fel y dyn cyntaf, parthed llywodraeth, a ryddfreiniodd ddynoliaeth o'u dibyniaeth a'u gadael yn rhydd i ddefnyddio eu rheswm eu hunain ymhob dim sy'n fater cydwybod. Dan ei deyrnasiad, gall gweinidogion eglwysig, yn rhinwedd y ffaith mai ysgolheigion ydynt, heb niwed i'w dyletswydd swyddogol, gyflwyno eu barnau a'u mewnwelediadau – sy'n eu gwyro hwnt ac yma o'r athrawiaeth sydd wedi'i sefydlu – yn rhydd ac yn gyhoeddus i'r byd i'w archwilio. Fodd bynnag, cymaint yn fwy rhydd fydd y rheini na chawsant eu cyfyngu gan ddyletswyddau swyddogol. Ymestynna'r ysbryd o ryddid ymhellach, hyd yn oed lle mae'n rhaid iddo ymaflyd gyda rhwystrau allanol llywodraeth sy'n camddeall ei diben ei hunan. Oblegid y mae'n enghraifft olau i'r fath lywodraethau o'r modd nad yw'r rhyddid hwn yn peryglu heddwch cyhoeddus nac undod y wladwriaeth. Bydd dynion, fesul tipyn, yn gweithio'u ffordd allan o farbariaeth, cyn belled â bod neb yn cynllwynio'n fwriadol i'w cadw ynddo.

Rwyf wedi gosod prif bwynt goleuedigaeth, h.y. ymadawiad dynolryw o'u dibyniaeth hunan-osodedig, yn bennaf mewn *materion crefyddol:* oherwydd nid oes gan ein rheolwyr unrhyw ddiddordeb mewn chware rôl gwarcheidwaid eu deiliaid yng nghyswllt y celfyddydau a'r gwyddorau ; ar ben hynny y math hwn o ddibyniaeth, yw'r un mwyaf niweidiol, ac felly'r un mwyaf cywilyddus i gyd. Ond mae meddylfryd pennaeth gwladwriaeth sy'n ffafrio'r fath oleuedigaeth yn mynd ymhellach fyth ac yn gweld, hyd yn oed o ran ei *ddeddfwriaeth,* nad oes unrhyw berygl mewn caniatáu ei ddeiliaid i wneud defnydd *cyhoeddus* o'u rheswm a gosod yn gyhoeddus gerbron y byd eu meddyliau am gyfansoddiad gwell, hyd yn oed gyda beirniadaeth di flewyn ar dafod o'r deddfau fel y maent; mae gennym enghraifft ddisglair o hyn, lle nad oes unrhyw deyrn yn rhagori ar yr un yr ydym yn ei anrhydeddu.

Ond dim ond teyrn, sydd yn oleuedig ei hunan, nad yw'n ofni cysgodion, ond sydd ar yr un pryd yn meddu ar fyddin niferus, ddisgybledig, wrth law i warantu heddwch cyhoeddus, all ddweud yr hyn na all gwladwriaeth rydd feiddio ei ddweud: *dadleuwch cymaint â mynnwch am beth bynnag a fynnwch, dim ond i chi ufuddhau!* Ymddengys yma batrwm rhyfedd ag annisgwyl ym materion dynol; fel y gwelir yn gyffredinol os edrychwn arnynt yn eu cyfanrwydd, lle mae bron popeth yn baradocsaidd. Mae gradd eang o ryddid dinesig yn ymddangos yn fanteisiol i ryddid *meddyliol* y bobl, ac eto yn gosod ffiniau anorchfygol arno; mae gradd fwy cul o ryddid dinesig, ar y llaw arall, yn sicrhau iddo'r lle i ymhelaethu ei hun hyd at eithaf ei allu. Pan fo natur wedi diblisgo o'r plisgyn caled y blaguryn, y mae'n gofalu amdano gyda'r tynerwch mwyaf, sef tuedd a galwedigaeth dynolryw tuag at *feddwl* rhydd: mae'r blaguryn hwn yn raddol yn gweithio ar feddylfryd y bobl (sydd felly'n dod yn fwyfwy galluog i *weithredu'n rhydd*), a hyd yn oed yn y pen draw ar egwyddorion y *llywodraeth*, sydd nawr yn ei ganfod yn fuddiol iddi drin bodau dynol, *sydd yn awr yn fwy na pheiriant*, yn briodol â'u hurddas.*

Königsberg ym Mhrwsia, Medi 30ain 1784.

Nodiadau

1   *Naturalier maiorennes*: y sawl sy'n aeddfedu trwy rhinwedd natur.

2   *Caesar non est supra Grammaticos*: nid yw Cesar uwchben y gramadegyddion.

★   Darllenais heddiw, ar Fedi 30ain, yn *Wöchentliche Nachrichten Busching* o Fedi'r 13eg hysbyseb am *Berlinischen Monatsschrift* y mis yma, sydd yn cyfeirio at ateb *Herr Mendelssohn* i'r un cwestiwn. Nid yw'r rhifyn wedi dod i'm dwylo eto, neu fe fyddwn i wedi dal yn ôl y testun presennol, sydd yn medru sefyll nawr fel prawf o'r graddau y gall hap beri unfrydedd rhwng meddyliau.

Dau ateb i'r Cwetiwn: Theodor Adorno, Michel Foucault a Goleuedigaeth Kant

Garmon Iago

MEWN TRAFODAETHAU ATHRONYDDOL A gwleidyddol, cyflwynir "yr Oleuedigaeth" yn aml fel endid monolithig sy'n trosglwyddo etifeddiaeth i ni fodernwyr; etifeddiaeth sydd rhaid ei hamddiffyn neu ei beirniadu.[1] Deëllir, ymhellach, i'r etifeddiaeth hon gael ei chyfansoddi o werthoedd annelwig a bras: boed cred yn rhyddid yr unigolyn, cynnydd, goddefgarwch neu wrth-ddogmatiaeth.[2] Yng nghanol trafodaethau o'r fath, gwelwn feddylwyr di-ri yn ymestyn at yr un traethawd byr i ddiffinio'r Oleuedigaeth yn ei gyfanrwydd: traethawd Kant, 'Ateb i'r Cwestiwn: Beth yw Goleuedigaeth?'[3]

Gwelwn, yng ngweithiau Theodor Adorno (1903-1969) a Michel Foucault (1926-1984), ddau feddyliwr annisgwyl yn meddiannu disgrifiad Kant o oleuedigaeth er mwyn disgrifio eu hymgeision beirniadol eu hunain. Yn wreiddiol, deallwyd bod y ddau feddyliwr yn creu darlun bwriadol gwrth-oleuedig, drwy ddarlunio'r modd mae pob cynnydd goleuedig yn arwain at gynnydd cydredol mewn gorthrwm a barbariaeth. Crynhowyd y ddealltwriaeth hon yng ngwaith Habermas, a ddeallodd i weithiau'r ddau gael eu nodweddu gan yr un Nietzscheaeth gwrth-oleuedig, dryslyd.[4] Deallodd iddynt ddarlunio'r modern fel twf cyflwr o orthrwm: gorthrwm sydd wedi'i gynnal a'i gyfiawnhau drwy reswm ei hun. Er mwyn iddynt fedru cynnal beirniadaeth, rhaid oedd iddynt apelio at o leiaf "un criterion rhesymol", ond, drwy uniaethu rheswm a gorthrwm, deallodd iddynt danseilio'r criterion hwnnw, gan danseilio gallu eu gweithiau i fod yn feirniadol.[5] Gan fod y potensial rhesymol sy'n cael ei ddiddymu yn eu gweithiau yn tarddu o'r Oleuedigaeth ei hun, yn nhyb Habermas, rhaid eu cyfrif ymysg carfan y gwrth-oleuedigwyr.[6]

Nid felly y deallodd Adorno a'r Foucault hwyr (o 1978-84) eu gweithiau. Yn hytrach, pwysleisiant y dylid deall eu gweithiau yn eu cyfanrwydd fel ffurf o feirniadaeth oleuedig.[7] I'r perwyl hwn, mewn sawl man pwysig yn eu gweithiau, gwelwn y ddau feddyliwr yn benthyg disgrifiad Kant o oleuedigaeth – o wireddiad aeddfedrwydd drwy ddihangfa dynoliaeth rhag cyflwr o anaeddfedrwydd cyfredol drwy ddefnydd dilyffethair o reswm – fel nod a rhag-amod eu gweithiau.[8] Yn fwy diddorol eto, pwysleisia'r ddau ohonynt nad oedd traethawd Kant yn adnabyddus yn eu cyfnod.[9] Gan hynny, byddai'n deg rhagdybio bod y benthyciadau hyn wedi'u dewis yn ofalus er mwyn datgelu rhywbeth o bwys am weithiau'r ddau ohonynt.

Fodd bynnag, nid benthyciadau syml o waith Kant a welwn yng ngweithiau Adorno a Foucault. Nodweddir eu gweithiau gan ymosodiadau hegr yn erbyn athroniaeth Kant, ei brosiect beirniadol, a'r goddrych cyfansoddiadol sy'n ganolbwynt i'r prosiect hwnnw.[10] Yng ngweithiau'r ddau feddyliwr, rhagflaenir a chrëir y goddrych gan brosesau cymdeithasol: boed hynny drwy weithrediad y cyfanrwydd cyfalafol yng ngwaith Adorno, neu berthnasau o bŵer yng ngwaith Foucault. Pwysleisia'r ddau feddyliwr gyswllt dwfn rhwng daliadau Kant am oleuedigaeth gyda'i brosiect epistemolegol ehangach.[11] Gan hynny, daw benthyciadau'r ddau feddyliwr o draethawd Kant yn drawsffurfiadau, wrth i'r ddau geisio achub mewnwelediadau'r Kant beirniadol-oleuedig rhag gwallau'r Kant epistemolegol, gan drawsosod ac ail-leoli ei fewnwelediadau tu mewn i'w fframweithiau materolaidd mwy boddhaol.[12] Felly, er eu bod yn barod i feddiannu diffiniad Kant o oleuedigaeth, air am air, i ddisgrifio eu hymgeision beirniadol eu hunain, collir llawer o'r sylwedd a'r ystyr gwreiddiol a roddwyd i'r geiriau.

Drwy nodi hyn, gallwn weld gymhlethdodau amlwg ym menthyciadau'r ddau feddyliwr o ddiffiniad Kant o oleuedigaeth. Felly, am weddill y papur, hoffwn ymchwilio i hawl y ddau feddyliwr i ddisgrifio'u hunain fel goleuedigwyr, gan dalu sylw penodol i'w hymwneud â thraethawd Kant. Byddaf yn canolbwyntio ar dri phwnc. Yn gyntaf, edrychaf ar fenthyciadau'r ddau o draethawd Kant er mwyn dangos yr unochredd yn eu benthyciadau o'i draethawd. Yn ail, edrychaf ar hawl y meddylwyr i fenthyg yn y fath fodd. Yn benodol, canolbwyntiaf yma ar y benthyciadau yng nghyd-destun trafodaethau hanesyddol diweddar o'r Oleuedigaeth er mwyn dangos mai nid eithriad, ond rheol, yw'r benthyciadau unochrog hyn o gyfnod yr Oleuedigaeth ei hun. Yn derfynol, cwestiynaf os oes modd deall bod y ddau yn parhau gyda goleuedigaeth Kant mewn rhyw ffordd. Awgrymaf yma, gan ddilyn James Schmidt, mai nid cymaint y cytundebau gydag ateb Kant i'r cwestiwn sydd o bwys, ond y ffaith fod y ddau yn ceisio cynnig ateb o gwbl.

1. Benthyciadau Adorno a Foucault o Ateb Kant i'r Cwestiwn.

1.1 Foucault a'r Aufklärung.

Hoffwn gychwyn y darn hwn drwy edrych ar fenthyciadau enwog Foucault o draethawd Kant drwy gydol ei weithiau hwyr. Yn ddiweddar, honnwyd gan rai dadansoddwyr, fel Amy Allen, mai cadarnhaol oedd agwedd Foucault at waith Kant drwy gydol ei yrfa, gan seilio hyn ar ddarlleniad o draethawd doethuriaeth Foucault.[13] Ni all hyn argyhoeddi. Yn hytrach, fel nodir gan Thomas Wartenberg a James Schmidt, rhaid cyfaddef fod Foucault, tan 1978, yn creu darlun bwriadol wrth-oleuedig. Gan feddu ar 'ddarlun o'r Oleuedigaeth a ddiffiniwyd gan ffydd naïf ym mhwerau rheswm, sêl anfeirniadol am wyddoniaeth fel yr ateb i holl broblemau cymdeithas, ac ymlyniad ddi-sigl i'r "naratifau mawreddog" o ryddfreinio a chyfiawnhad', enillodd Foucault 'fri academaidd' am wyrdroi'r darlun hwn gan ddangos fod pob cynnydd honedig mewn goleuedigaeth yn 'fuddugoliaeth o ffurf newydd a llechwraidd o orthrwm.'[14] Gwelwyd Foucault yn cyflwyno beirniadaeth echblyg o'r Oleuedigaeth yn ei lyfr enwocaf, *Arolygaeth a Chosb* (1975). Wrth ddisgrifio'r modd y cyfansoddwyd fframweithiau cyfreithiol egalitaraidd, bwrgeisiol gan berthnasau anegalitaraidd, disgyblaethol, noda: 'Yr "Oleuedigaeth" a greodd y rhyddfreiniau, greodd hefyd y disgyblaethau.'[15]

Yn cyd-fynd gyda themau gwrth-oleuedig, gwelwyd sawl thema wrth-Kantaidd.[16] Tra bod ei bwyslais achyddol ar yr enaid fel carcharor y corff yn fwriadol yn gwrthdroi'r darlun Kantaidd o'r goddrych cyfansoddiadol, gwelwyd beirniadaeth uniongyrchol yng nghyfnod archcolegol ci wcithiau, yn *Geiriau a Phethau*. Er iddo ganmol Kant am ddeffro athroniaeth o'i 'gwsg dogmataidd', mae'r un Kant yn ei suo yn ôl i 'drwmgwsg anthropolegol'. Tad 'dyneiddiaeth wag' yw Kant iddo, cyflwynwr paradeim sydd fel wyneb yn y tywod ar fin cael ei olchi ymaith gan don y paradeim nesaf.[17]

Rhaid ei fod wedi bod yn syndod aruthrol i'w wrandawyr ei glywed, ym 1978, yn lleoli ei hun yn nhraddodiad Almaenig yr *Aufklärung*, ac nid *Lumières* ei famwlad, a hynny yn sgil ei ddealltwriaeth ei fod yn parhau gydag agwedd feirniadol sy'n darganfod ei mynegiant cychwynnol yn nhraethawd Kant ar oleuedigaeth.[18] Ond, *Aufklärung* sydd wedi'i chyfansoddi o ddiddordebau cyfredol gwaith Foucault ar y foment honno yn ei waith a welwn. Oherwydd hyn, gan fod newid rhwng achyddiaeth ag etheg yn ei weithiau hwyr, gwelwn ddau fynegiant o'r *Aufklärung*, ac felly, dau fynegiant o'r berthynas gyda Kant.[19] Ymhellach, tra bod yr *Aufklärung* yn dechrau mewn agwedd sydd i'w darganfod yng ngwaith Kant, ymddiddora Foucault lawn cymaint yn y sylwedd a roddir i'r agwedd gan feddylwyr hwyrach.[20]

Ym mynegiant cyntaf ei berthynas gydag *Aufklärung* Kant, yng nghyfnod achyddol ei weithiau, yn gyson gyda diddordebau ehangach ei waith ar y pryd, herio ac ansefydlogi ffurf o bŵer o'r enw llywodraetholi [*governmentalisation*] yw ei fwriad. Dealla taw ffurf o bŵer eglwysig a ddatblygodd dechnegau penodol er mwyn galluogi rheolaeth lwyr ar bob agwedd o fywyd yr unigolyn yw hwn. Yn y bymthegfed ganrif, seciwlareiddiwyd y ffurf hon o bŵer, a gwelwyd ei hymlediad drwy gymdeithas sifil. O'r cyfnod hwnnw, felly, ac yn parhau hyd at yr oes bresennol, gwelwyd ymchwydd aruthrol yn y 'gelfyddyd o lywodraethu dynion.'[21]

Beth a wnelo hyn â goleuedigaeth? Fel 'gwrthbwynt' i'r broses o lywodraetholi, ymddengys y ffenomenon o feirniadaeth: y 'celfyddyd o anufudd-dod gwirfoddol, o anhydrinedd fyfyrgar.'[22] Gwêl Foucault taw traethawd Kant ar oleuedigaeth oedd ffurf baradeimataidd yr agwedd feirniadol gynnar hon. Gan fod Foucault, yn awr, am herio'r un ffurfiant o bŵer, gall ddeall ei fod yn parhau gyda'r un agwedd feirniadol sy'n cael ei gyflwyno yn nhraethawd Kant ar oleuedigaeth.[23]

Fodd bynnag, er y cysylltiadau gyda'r ddeunawfed ganrif, gwelwn ddatgysylltiad sydd yr un mor bwysig. Dadl Foucault yw bod datblygiadau hanesyddol diweddarach yn mynnu radicaleiddiad o ffocws Kant, a gwelwyd radicaleiddiad o'r fath yng ngweithiau'r Chwith Almaenig. Gwêl fod yr Almaenwyr yn datblygu problem *Aufklärung* Kant, nid drwy ddatblygu'r ffocws ar ddarganfod terfynau rheswm pur, ond trwy ganolbwyntio ar lygredigaeth rheswm, ei gyfraniad at y sefyllfa gaethiwus gyfredol.[24] Er mai Kant yw tarddbwynt y drafodaeth, mae datblygiadau hanesyddol hwyrach yn cyflwyno cwestiwn newydd, gwahanol, i gwestiwn Kant, sef, 'sut y mae'n bod fod rhesymoli'n arwain at gynddaredd pŵer?'[25] Ac nid cymaint at idealaeth Kant yr ymdebyga Foucault wrth geisio ateb cwestiwn newydd yr *Aufklärung* ond at

fateroliaeth ei 'frodyr', Ysgol Frankfurt.[26] Gallwn weld, yn hyn o
beth, ddatgysylltiad sylfaenol oddi wrth ddiddordebau Kant yn y
ddeunawfed ganrif.

Gwelwn fynegiant ychydig yn wahanol o'i berthynas
gyda goleuedigaeth Kant yng nghyfnod ethegol ei weithiau.
Unwaith yn rhagor, pwysleisia Foucault barhad yr *Aufklärung* fel
agwedd: agwedd fodern sy'n cychwyn yn nhraethawd Kant am
oleuedigaeth ac sy'n lledu drwy fodernrwydd.[27] Fodd bynnag, mae
newidiadau amlwg. Ni welwn unrhyw gyfeiriad uniongyrchol
at y ffenomenon o lywodraetholi nac o ddatblygiad cydredol
beirniadaeth. Yn hytrach, gan fod Foucault wedi newid ffocws
ei waith at ganolbwyntio ar y modd mae bodau dynol wedi
deall eu perthynas gyda'u hunain drwy'r canrifoedd a'u hymgais
gysylltiedig i alluogi'r unigolyn i fyw bywyd hardd, gwelwn
Aufklärung sy'n ymgorffori'r newidiadau hyn.[28]

Y tro hwn, felly, darganfyddir yn nhraethawd Kant ar
oleuedigaeth, amlinelliad o agwedd fodern sy'n cael ei datblygu
gan feddylwyr diweddarach, fel Hegel, Nietzsche, Ysgol Frankfurt,
ac, wrth gwrs, Foucault ei hun.[29] Yng ngwaith Foucault, cymer
yr agwedd ffurf 'ontoleg feirniadol' sy'n annog unigolion i
ddarganfod y terfynau sydd wedi eu gosod arnynt er mwyn
eu chwalu, a chreu rhywbeth newydd ohonynt eu hunain.[30]
Gan ddilyn patrwm y drafodaeth flaenorol, os yw'r agwedd yn
dechrau yng ngwaith Kant, gwelwn fwy o ddiddordeb o lawer yn
y datblygiadau hwyrach. Felly, pan ddaw Foucault i ddisgrifio'r
agwedd fodern sy'n cael ei pharhau yn ei weithiau ef, nid cymaint
at Kant y try, ond at y bardd symbolaidd Charles Baudelaire.[31] Ac
yn rhyfeddach fyth, yn ei weithiau eraill o'r un cyfnod, gwelwn
Foucault yn dirnad ôl yr un agwedd sy'n darganfod ei mynegiant
cychwynnol yng ngwaith Kant yng ngweithiau'r arch-wrth-
oleuedigwr, Freidrich Nietzsche, sy'n galw arnom i ail-greu ein
hunain drwy 'ymarfer hir a gwaith dyddiol'.[32] Nid yw'n rhyfedd
nodi i sawl dadansoddwr fynegi syndod at gyfuniadau o'r fath:

'Foucault... yn Kantiwr? A Kant... yn Nietzschewr? Pwy, gallwn ofyn yn ddigon rhesymol, sy'n twyllo pwy?'[33]

Gan fod y traethawd terfynol hwn, 'Beth yw Goleuedigaeth?' (1984), yn debygol o fod yn adnabyddus i chi, yn hytrach na chynnig trosolwg llafurus, hoffwn gyfeirio at ddarganfyddiad diddorol. Yn hytrach na deall yr oleuedigaeth hwyr hon fel hollt rhyngddi hi â dadansoddiadau blaenorol, dylid ei deall fel ail-bwrpasu, neu, i fod ychydig yn brofoclyd, 'ail-frandio'. Mae'r syniad o oleuedigaeth ethegol yn agos iawn i syniad sydd wedi'i fynegi eisoes yng ngwaith Foucault, y syniad o 'ddadelfeniad y goddrych': o ail-greu'r hunan mewn modd di-gyfeiriad. Yr hyn sy'n ddiddorol yw bod Foucault, mor hwyr ag 1978, yn galw'r arbrofi hyn yn 'thematig o farwolaeth dyn', yr union derm a ddefnyddiodd er mwyn ymosod at y paradeim Kantaidd yn flaenorol yn ei weithiau. Ac, yn y cyfnod hwn, agwedd sydd i'w ddarganfod yng ngweithiau Nietzsche, Blanchot a Bataille, rhai o'r meddylwyr mwyaf gwrth-oleuedig posib ydyw.[34] Datblygiad rhyfeddol, felly, yw i Foucault lwyddo i ddarganfod cyflwyniad yr un thematig wrth-Kantaidd yn nhraethawd Kant ei hun brin chwe mlynedd yn ddiweddarach.

Cawn ein gadael yn crafu ein pennau ychydig ar y pwynt hwn. Gwelwyd i Foucault fynnu y dylid deall fod ei weithiau'n oleuedig gan ei fod yn parhau agwedd feirniadol sy'n cael ei chyflwyno'n wreiddiol yn nhraethawd Kant ar oleuedigaeth. Fodd bynnag, cymaint yw'r datgysylltiadau hanesyddol nes taw athroniaeth ôl-Farcsaidd, ôl-Nietzscheaidd, ôl-Weberaidd y chwith Almaenig sy'n cyfansoddi sylwedd ei *Aufklärung* gyntaf, tra yn yr ail gyfnod, Nietzsche a Baudelaire sy'n ei gyfansoddi.

1.2. Adorno a Kant: Barbariaeth a Beirniadaeth

Gwelwn feddiannu annisgwyl ag unochrog o draethawd Kant ar oleuedigaeth yng ngwaith Adorno. Fodd bynnag, nid yw'r unochredd hwn yn deillio o'r gwerth a osodir ar linach

sy'n datblygu o draethawd Kant, fel y gwelwyd yng ngwaith
Foucault, ond, yn sgil y tensiynau mewnol a wel Adorno yng
ngwaith Kant. Tensiynau yw'r rhain rhwng radicalrwydd yr ysfa
at feirniadaeth o bob dim, a thrwy hynny, i sefydlu rheswm fel
yr awdurdod pennaf, a'r dawelyddiaeth sy'n deillio o'r modd y
cyfyngir ei oleuedigaeth yn oddrychol, gan adael strwythurau
penderfyniaethol cymdeithasol yn ddi-gyffwrdd.[35] Yn cyd-fynd
gyda'r tensiwn hwn, gwelir tensiynau pellach rhwng gwrth-
ddeallusedd a deallusrwydd amlwg ymgais Kant, a rhwng ochr
systemataidd, uniaethol ei weithiau a'r ochr an-uniaethol.[36]
Yn deillio o densiynau o'r fath, gwelwn Adorno'n meddiannu
a chondemnio'r un dyfyniadau o draethawd Kant. Dangosaf
ddatblygiad yr ymdriniaeth hon yng ngwaith Adorno drwy edrych,
yn gyntaf, ar ei ymwrthodiad yn *Dilechdid Goleuedigaeth* (1944/7),
cyn troi at ei ddarlithoedd ar y *Feirniadaeth o Reswm Pur* (1959),
cyn edrych ar ei feddiannu hwyr yn y traethawd 'Beirniadaeth'
(1969), er mwyn gweld ei werthfawrogiad o draethawd Kant.

Er mwyn deall y feirniadaeth gyntaf o draethawd Kant, rhaid
yw deall cyd-destun y feirniadaeth. Llyfr a ysgrifennwyd ar y
cyd gyda Max Horkheimer yw *Dilechdid Goleuedigaeth*. Bwriad
y llyfr yw amlygu dilechdid beryglus sydd yn bodoli rhwng
goleuedigaeth a myth drwy hanes y Gorllewin, gan ddangos sut y
llithrodd goleuedigaeth yn ôl at fyth ar bob cam o'i ddatblygiad.[37]
Nod goleuedigaeth yw sicrhau hunangadwraeth yr unigolyn, a
galluogir hyn drwy ennill rheolaeth dros natur allanol, beryglus,
drwy ffurf benodol o reswm.[38] Yn gyson gyda gweddill gweithiau
Adorno, rheswm uniaethol sydd dan sylw yma.[39] Ystyr uniaeth,
yn y cyd-destun hwn, yw'r modd y llwyddodd dynoliaeth i ennill
rheolaeth dros y gwrthrych, natur, drwy ei orfodi i gydymffurfio
gyda rhyw gategori neu gysyniad sydd wedi'i ragosod.[40] Gwelwn
lwyddiannau amlwg drwy ddefnydd o'r rheswm: o dwf aruthrol
ein gallu i reoli natur drwy wyddoniaeth fodern, ac o ran gallu
cynhyrchiol ein cymdeithasau cyfalafol modern.[41]

Fodd bynnag, mae cost enbyd i'r ymgais hon i ennill rheolaeth. Nid yw'r uniaethiad yn llwyddo i wireddu gwir uniaeth rhwng y categori rhagosodedig a'r peth sydd i'w reoli. Rhaid i'r dull uniaethol o feddwl orfodi'r peth sydd i'w ddirnad gydymffurfio â'r categori, gan ddiddymu'r hyn nad yw'n ffitio.[42] Fodd bynnag, yn fwy na bod yn bwynt haniaethol am wybyddiaeth, gwêl Adorno a Horkheimer ddau sgil-effaith pellach. Gwelwyd i'r ymgais hon o reolaeth gael ei chyfeirio at natur fewnol yr unigolyn, gan ei orfodi i reoli ei reddfau ac aberthu ei hapusrwydd er budd hunangadwraeth.[43] Yn fwy problematig fyth, gwelwyd yr un rheolaeth, yr un orfodaeth i gydymffurfio, yn cael ei chyfeirio at fodau dynol eraill. Yn hyn oll, felly, mae perthynas goleuedigaeth at bethau yn ymdebygu at berthynas teyrn at ei ddeiliaid: 'Mae'n eu hadnabod dim ond i'r graddau y gellir eu trafod.'[44]

Proses o resymoli sydd dan sylw yma, a gwelwn newid sylfaenol mewn rheswm. Daw'n ddim mwy na chyfrwng niwtral ar gyfer gwireddu rhyw ddiben, yn arf pŵer, ond heb y gallu i resymu am y dibenion eu hunain.[45] Gwelwn, felly, golled aruthrol o ystyr wrth i reswm ddod yn gynyddol uniaethol: 'Ar eu ffordd at wyddoniaeth fodern mae bodau dynol wedi diosg ystyr.'[46] Yn cyd-fynd gyda hyn, ar lefel gymdeithasol, gwelwn yr orfodaeth i gydymffurfio yn peryglu diddymu'r unigolyddiaeth oedd i fod i gael ei sicrhau drwy'r broses o oleuedigaeth. Drwy'r gorffwylledd am reolaeth sydd wrth graidd goleuedigaeth, try goleuedigaeth yn ôl at orthrwm mythig ar bob cam.

Yn y cyd-destun hwn y daw'r feirniadaeth gyntaf o weithiau Kant. Gwelant fod ei weithiau, fel ffurf ffurfolaidd, systemataidd o athroniaeth, yn atgynhyrchu problemau dilechdid goleuedigaeth yn ei waith.[47] Y ffurf *par excellence* o uniaeth yw athroniaeth idealaidd, fel athroniaeth Kant, sy'n ceisio cynhyrchu system holl-esboniadol. Gwêl Adorno yr un ysfa am reolaeth lwyr wrth wraidd y system, gyda'r un difrod i'r peth penodol a welwyd uchod. Yn fwy na hyn, fel ag y gwelwyd trawsffurfiad gwybodaeth yn y broses o resymoli, gwêl Adorno a Horkheimer hyn yn cael ei atgynhyrchu ym moeseg ffurfolaidd Kant. Gwelwn yr un anallu i drafod materion sylweddol a welwyd yn y broses o oleuedigaeth, wrth i reswm ddod yn ddim mwy na dull i wireddu rhyw ddiben, yn cael ei atgynhyrchu ym moeseg ffurfolaidd Kant. Am y rhesymau hyn cyflwynir galwad goleuedigaeth Kant i resymu hyd eithaf eich gallu fel dim mwy na galwad i resymu'n uniaethol. Gan nad yw'r adnoddau yn ei waith i wrthsefyll y barbariaeth cymdeithasol, wedi'i gynrychioli gan y modd y gorfodir yr unigolyn i gydymffurfio, nid mewn rhyddfreiniad, ond ym marbariaeth de Sade y gwelant wireddiad ei oleuedigaeth.[48]

Darn bach o frithwaith llawer mwy cymhleth o ymwneud â thraethawd Kant ar ran Adorno yw hwn, fodd bynnag. Erbyn ei ddarlithoedd ar y *Feirniadaeth o Reswm Pur* ym 1959, gwêl Adorno lawer i'w ganmol am draethawd Kant. Tra ei fod yn parhau i leoli Kant fel rhan o ddilechdid goleuedigaeth a lled reswm uniaethol drwy ei systemateiddrwydd, gwêl dynfa i'r gwrthwyneb yn ei weithiau hefyd, at bwysleisio an-uniaethedd gwybodaeth: anallu llwyr gwybyddiaeth i ddirnad y 'peth-yn-ei-hunan' [*'ding an sich'*].[49] Gwêl sawl pwynt pellach i'w ganmol: o wrth-ddogmatiaeth Kant, hyd at ei bwyslais ar reswm fel yr awdurdod pennaf. Nid yn gymaint barbariaeth yw'r hyn sy'n cael ei feirniadu yma am draethawd Kant, ond fod ei oleuedigaeth wedi'i gyfyngu'n oddrychol o'r cychwyn, gan adael strwythurau cymdeithasol penderfyniaethol yn ddigyfnewid.[50]

Erbyn ei draethodau terfynol, gwelwn sawl canmoliaeth bellach. Fodd bynnag, y drafodaeth bwysicaf yw 'Beirniadaeth', lle mae Adorno'n barod i feddiannu diffiniad Kant o oleuedigaeth er mwyn diffinio rhag-amod ei weithiau, ein democratiaethau modern, a'r cysyniad modern o reswm yn ei gyfanrwydd, sef, y ffenomenon o feirniadaeth [*'kritik'*]. Rhag-amod a chraidd beirniadaeth hon yw "aeddfedrwydd gwleidyddol" [*'Mündigkeit'*]. Ac er mwyn diffinio'r aeddfedrwydd hwn, aralleirio diffiniad

Kant o'r traethawd ar oleuedigaeth a wna Adorno: 'Aeddfed-wleidyddol yw'r person sy'n siarad drosto ei hunan, gan ei fod yn meddwl dros ei hunan ac nad yw'n ailadrodd barn rhywun arall; saif yn rhydd oddi wrth unrhyw warchodwr.'[51] Dim ond drwy feddu ar yr aeddfedrwydd hwn y gellir gwrthsefyll y sefydliadau a'r barnau presennol.[52] Mae'n sicr yn ddiddorol sylwi fod Adorno'n troi at Kant er mwyn diffinio rhag-amod ei holl weithiau.

2. Problemau Goleuedigaethau Adorno a Foucault

Ar ddechrau'r traethawd, cyfeiriais at y modd y mynnodd nifer fod gweithiau'r ddau feddyliwr yn wrth-oleuedig. Ar yr olwg gyntaf, mae'r drafodaeth uchod yn ymddangos i herio'r dedfryd o'r fath mewn modd argyhoeddiadol, gan y gwelwyd i'r ddau feddyliwr feddiannu diffiniad Kant o oleuedigaeth, diffiniad sydd wedi'i ddefnyddio dro ar ôl tro i grynhoi holl ysfa wrth-ddogmataidd yr Oleuedigaeth ei hun, er mwyn disgrifio'u gweithiau eu hunain. Fodd bynnag, gwelwyd hefyd i'r ddau wyro oddi wrth draethawd Kant: elfennau bras o'i ddiffiniad a gedwir yn fyw ganddynt, nid sylwedd ei drafodaeth.

Daw problemau o'r fath yn faen tramgwydd i geisio pennu statws goleuedig i'w gweithiau, yn sgil eu benthyciadau o draethawd Kant. Y cwestiwn amlwg, felly, yw, a yw'r datgysylltiadau hyn yn diarddel gweithiau'r ddau rhag bod yn oleuedig? Hoffwn awgrymu bod benthyciadau unochrog o gyfnod yr Oleuedigaeth ei hun yn nodwedd gyffredin i'r mwyafrif o athronwyr yn yr Ugeinfed Ganrif, gan gyfri'r rheini a dybiwyd yn draddodiadol i berthyn i draddodiad yr Oleuedigaeth.[53] Er mwyn cyfiawnhau gosodiad o'r fath, rhaid cynnig trosolwg bras o natur wreiddiol yr Oleuedigaeth ei hun, gan ddangos, yn sgil cymhlethdodau a gwrthddywediadau'r digwyddiad hwnnw, bod benthyciadau o'r fath yn nodwedd sydd bron yn anorfod.

Yn draddodiadol, deallwyd yr Oleuedigaeth yn nhermau undod: bod modd ei grynhoi fel symudiad sy'n meddu ar un set o syniadau, un dull o'i ddosbarthu, ac un wlad fel ei darddbwynt.[54] Y darlun mwyaf dylanwadol oedd darlun Peter Gay, a gyflwynodd yr Oleuedigaeth fel 'prosiect diwygio rhyddfrydol' enfawr, ac fel endid sylfaenol Ffrengig.[55] Gan fod nifer o ddadansoddwyr wedi dilyn darluniau o'r fath, a gweld yr Oleuedigaeth fel endid unedol, credant fod modd darganfod rhyw werthoedd penodol ynddo sy'n cael eu trosglwyddo i ni heddiw: boed o ran cyflwyno ein cysyniadau diweddar o lywodraeth, neu o anffyddiaeth a gwrth-ddogmataidd yn tanseilio tywyllwch crefyddol yr Oesoedd Canol, neu gyflwyno hawliau dynol a ffocws clodwiw ar werth yr unigolyn, ynghyd â phob math o ffenomenau eraill.[56] Mewn cymhariaeth gyda gwerthoedd o'r fath y collfarnwyd gweithiau Adorno a Foucault am fod yn wrth-oleuedig yn wreiddiol.

Fodd bynnag, y pwynt sy'n cael ei ail-adrodd gan bob hanesydd gwerth ei halen erbyn heddiw yw nad oes modd cysyniadoli'r Oleuedigaeth yn y fath fodd o gwbl. Yn hytrach nac undod, anghydlynedd a welir. Ar lefel genedlaethol daw'n amlwg nad yw *Aufklärung* yr Almaenwyr, *Illuminismo*'r Eidalwyr a *Lumières* y Ffrancwyr yn dynodi'r un endid.[57] Ac o edrych ar oleuedigaethau unigol y gwledydd, ni welwn fwy o gytundeb. O ran yr Oleuedigaeth Ffrengig, gellid cyfeirio at yr anghytundebau dwys rhwng Diderot a Rousseau, D'Holbach a Voltaire.[58] Tu mewn i'r Oleuedigaeth Almaenig, gellid cyfeirio at ddadleuon brwd rhwng Kant a Hamann am union natur goleuedigaeth.[59] Fel ffurf eithafol o'r dadfeiliad hyn, gall Ian Hunter fynnu fod dim llai na thair goleuedigaeth ym mhrifysgol Halle ym Mrandenburg.[60] Gan hynny, nid oes ryfedd bod rhai haneswyr, fel John Pocock, yn mynnu na ddylem mwyach ddefnyddio'r unigol 'yr Oleuedigaeth', gan gyfeirio at oleuedigaethau yn y lluosog yn lle hynny.[61]

Yn fwy na hyn, mynnir bod ein dealltwriaeth gyffredin o gyfnod yr Oleuedigaeth wedi'i ffurfio drwy alldaflu ein gwerthoedd modern yn ôl ar gyfnod estron.[62] Felly, gan fod anffyddiaeth a safbwyntiau gwrth-grefyddol mor gyffredin heddiw, mynnwn weld yr Oleuedigaeth wedi ei nodweddu gan y daliadau hyn, pan fo'r daliadau hyn, mewn gwirionedd, wedi'u cyfyngu at nifer fechan iawn o feddylwyr: Spinoza, Voltaire a Diderot.[63] A thra bod traethawd Kant wedi cael ei ddefnyddio dro ar ôl tro i grynhoi holl drywyddion yr Oleuedigaeth, ei bwyslais ar wrth-ddogmatiaeth, gwrthod arweiniad gan unrhyw unigolyn arall, neu resymu hyd eithaf yr egwyddor o awtonomi, mae'r pwyslais hyn yn anarferol. Yn hytrach, fel nodir gan Dan Edelstein, cyfnewid un ffurf o arweiniad am ffurf arall oedd pwyslais y rhan fwyaf o'r Oleuedigaeth, pwyslais ymhell o weledigaeth Kant o oes o feirniadaeth o bopeth.[64] Cyfnod gwrth-ddywedol sydd yn ein hwynebu, cyfnod sy'n anodd dweud unrhyw beth pendant amdano.

Pan drafodir 'yr Oleuedigaeth' mewn disgwrs gyfredol, felly, nid cymaint y digwyddiad gwrthddywedol a chymhleth gwreiddiol a drafodir ond rhyw bictiwr haniaethol, datgysylltiedig ohono. I rai dadansoddwyr, y Chwyldro Ffrengig sy'n peri'r datgysylltiad hwn. Wedi'r digwyddiad hwn, nid yr ystod eang o farnau a welwyd yn y digwyddiad gwreiddiol a welwn, ond, bod teyrngarwch neu wrthwynebiad i'r Oleuedigaeth yn cael ei ddatgan ar sail gwleidyddiaeth, a hyn ar sail agwedd tuag at y Chwyldro.[65] Gyda hyn, gwelwn haniaethu sylfaenol oddi wrth y cyfnod ei hun. Erbyn yr Ugeinfed Ganrif, mae'r pellter oddi wrth y digwyddiad cymhleth a gwrthddywedol gwreiddiol yn peri bod pawb, i fenthyg cynnig profoclyd James Schmidt, yn creu'r darlun o oleuedigaeth sydd ei angen ar gyfer eu cyfri nhw, fel y gwelwyd Adorno a Foucault yn gwneud uchod.[66] Mae hyn yn wir nid yn unig am y meddylwyr dan ffocws yma, ond, hefyd am feddylwyr sy'n tueddu i gael eu cyfrif ymhlith y goleuedigwyr, fel Habermas.[67] Er bod benthyciadau Adorno a Foucault yn unochrog, y pwynt sy'n cael ei wneud gan bron pob hanesydd gwerth ei halen erbyn heddiw yw bod benthyciadau pawb yn rhannu'r nodwedd hon o unochredd. Amhosib fyddai cyfeirio at y brycheuyn yn llygad Adorno a Foucault heb orfod sylwi ar y trawst yn llygaid y beirniaid.

3. Adorno a Foucault: Goleuedigwyr wedi'r cyfan?

Ar ôl nodi problemau benthyciadau Adorno a Foucault o draethawd Kant, oes unrhyw le yn weddill i ddeall fod y meddylwyr yn parhau gyda'i oleuedigaeth mewn unrhyw fodd arwyddocaol? Hoffwn gynnig ateb cadarnhaol i'r cwestiwn hwn drwy ddatblygu syniad sy'n cael ei gyflwyno gan James Schmidt. Pwysleisia Schmidt taw nid ceisio diffinio goleuedigaeth fel oes y gwna Kant, ond goleuedigaeth fel gweithred, a hynny tu mewn i gyd-destun hanesyddol ac athronyddol penodol.[68] Gallwn ddeall taw'r un weithred y ceisia Adorno a Foucault ei ddiffinio, a hynny wedi'i gymell gan brofiad hanesyddol lwyr newydd. Yn hyn, nid cymaint yr atebion sy'n barhad o ymgais Kant, ond yr ymgais i gynnig ateb yn y lle cyntaf.

Rhaid dechrau, felly, drwy edrych ar gyd-destun gwreiddiol trafodaeth Kant. Ym 1783, ysgrifennodd y Parchedig Zöllner ymateb i draethawd blaenorol yn y cyfnodolyn Almaenig y *Berlinische Monatsschrift* a honnai bod nifer ymhlith y boblogaeth yn gweld presenoldeb clerigwyr mewn seremonïau priodasol yn chwerthinllyd ar sail agweddau 'goleuedig'. Wedi'i anesmwytho gan y niwed oedd yn cael ei wneud yn enw'r term, gofynnodd y cwestiwn canlynol mewn troednodyn: 'Beth yw goleuedigaeth? Dylid ateb y cwestiwn hwn, sydd bron mor bwysig â beth yw gwirionedd, cyn bod un yn dechrau goleuo! Er hyn, rwyf yn dal heb ei weld wedi ei ateb?'[69] Traethawd digon di-nod, a chwestiwn wedi'i guddio mewn troednodyn. Hanes rhyfedd sydd i ymateb Kant. Ysgrifennodd am ei fod yn ymwybodol i'w ffrind Moses Mendelssohn gynnig ateb i'r cwestiwn 'beth yw goleuedigaeth?' yng nghyfrol flaenorol y cyfnodolyn. Gan nad oedd wedi llwyddo i gael gafael ar y gyfrol honno, ysgrifennodd ei draethawd er mwyn gweld pa lefel o gytundeb a fodolai drwy siawns yn eu hymatebion.[70] Yn ddiddorol, nid oedd unrhyw un o'r cyfranwyr i'r drafodaeth wreiddiol, gan gynnwys Kant, yn ceisio diffinio nodweddion 'oes' oleuedig. Yn hytrach, cafwyd trafodaeth a geisiai ddeall hyd a lled gweithred o'r enw 'goleuedigaeth'.[71]

Os ysgogwyd pynciau trafod yr oleuedigaeth gan brofiadau hanesyddol penodol, fel 'Cyhoeddebau am Grefydd a Sensoriaeth' 1788 Johann Christoph von Wöllner, neu'r profiad ysgytwol o'r Chwyldro Ffrengig,[72] gallwn ddeall taw profiad hanesyddol newydd sy'n cymell ymgais Adorno a Foucault i ddiffinio goleuedigaeth: yr ymdeimlad o ormodedd o bŵer cymdeithasol.[73] Goleuedigaeth yng nghysgod Auschwitz a Staliniaeth, goleuedigaeth a welodd ddifodiant unigolion a phoblogaethau cyfan. Nid diffyg dewrder yr unigolyn mwyach sy'n peri'r anaeddfedrwydd, ond cymdeithas a'i rhwystrau. Felly, mae'r ddau'n meddiannu delfryd Kant ond yn canolbwyntio ar themâu newydd er mwyn ceisio'i wireddu: o gyswllt rheswm a gorthrwm, at natur a phosibilrwydd rhyddid hyd at natur a swyddogaeth beirniadaeth.[74]

Eto, fel bu anghytundebau yn y drafodaeth wreiddiol, tu mewn i'r fframwaith bras cytûn, gwelwn anghytundebau dwys yma eto. Tra bod cynnig ateb i'r cwestiwn 'Beth yw goleuedigaeth?' wedi cymryd tro cymdeithasol, daw'n amlwg fod y term 'cymdeithasol' yn dynodi gwrthrych pur wahanol yng ngweithiau'r ddau.[75] Yn ei dro, mae'r darlun sylfaenol hwn o'r anaeddfedrwydd yn arwain at ddarlun go wahanol o natur a lled yr oleuedigaeth sydd ei angen. Yn Adorno, mae cymdeithas yn bodoli fel y 'cyflwr anghywir', fel cyfanrwydd caethiwus sy'n diddymu unrhyw ryddid positif.[76] Dim ond ymarferion o ryddid negyddol, gwrthsefyll drwy feirniadaeth, sy'n bosib ar y foment. Cyferbynna hyn yn llwyr â dealltwriaeth hwyr Foucault o gymdeithas. Ymwrthodir yn llwyr ag unrhyw gysyniad o gyfanrwydd yng ngwaith Foucault, gan bwysleisio fod cymdeithas wedi'i chreu o blwraliaeth o berthnasau o bŵer.

Gan fod y perthnasau hyn o bŵer yn cymryd ffurf brwydr, pwysleisia Foucault eu hansefydlogrwydd hanfodol. Oherwydd hyn, ni allant ffurfio uwch strwythur fyddai'n dileu rhyddid, ac felly, dealla Foucault, er natur cymhelliannol rhai o'r ffurfiau hyn o bŵer, ein bod mewn cyflwr o ryddid.[77]

O'r anghytundeb sylfaenol hwn, deillia pob math o anghytundebau eraill. Gan ein bod mewn cyflwr o ryddid, yn nhyb Foucault, mae goleuedigaeth yn rhywbeth i'r unigolyn i'w wireddu ar ei union, yng nghanol rhyddid blêr y presennol. Caniatâ hyn iddo ddeall goleuedigaeth fel gweithred llwyr leol.[78] Ond, oherwydd ansefydlogrwydd y perthnasau o bŵer, dealla Foucault fod ei oleuedigaeth mewn sefyllfa o orfod dechrau o'r newydd yn ddi-baid.[79] Mewn cyferbyniad, gan ein bod yn byw yn y cyflwr anghywir, yn nhyb Adorno, rhaid newid y cyflwr hwn. Mae'r ffocws hwn yn arwain at bwyslais lled-eschatolegol o oleuedigaeth lawn, derfynol sy'n cael ei atal gan bwyslais Foucault ar ansefydlogrwydd pŵer. Mae rhyw iwtopia'n bosib lle na fyddai gormes mwyach, o 'gyflwr gwir ddynol' lle byddai modd i unigolion, o'r diwedd, ymgeisio i fyw'r bywyd da.[80] Felly, er bod eu gweithiau'n rhyfeddol o debyg mewn rhai agweddau pwysig, gwelwn anghytundebau brwd sy'n peri gagendor sylfaenol rhwng eu darluniau. Ac yn hyn o beth, fel y gwelwyd yn y ddeunawfed ganrif, gwelwn ddau feddyliwr yn yr ugeinfed ganrif yn ceisio cynnig ateb i'r cwestiwn a gythryblodd athroniaeth ers canrifoedd: 'Beth yw goleuedigaeth?'

Gyda hyn, mae'n rhaid dod at ryw fath o gasgliad. Hyd yma, dangosais ddylanwad goleuedigaeth Kant ar ddau feddyliwr a dybiwyd yn draddodiadol eu bod yn wrth-oleuedig. Ymatebais i rai problemau a welwyd yn eu benthyciadau o'r traethawd, gan ddangos er bod datgysylltiadau amlwg oddi wrth sylwedd trafodaeth Kant, fod lle o hyd i ddeall eu bod yn parhau gyda'i ymgais fwy o ddiffinio'r weithred o oleuedigaeth.

Mae sawl mantais i feddwl am gwestiynau o oleuedigaeth yn

y fath fodd. Ar lefel gul, cynigia fan cychwyn newydd i ddeall gweithiau Adorno a Foucault, yn erbyn y darluniau o'u gweithiau fel endidau gwrth-oleuedig. Wedi'r cyfan, peth digon annifyr yw cael eich cyhuddo o fod yn anghywir; llawer gwaeth bod yn wrth-oleuedig ac anghywir! Mae syniadau o'r fath yn cyd-fynd gyda symudiad ehangach yn y maes, at dwf mewn parodrwydd i ddeall bod cyfraniadau grymus gan Adorno a Foucault eto i'w wneud i theori feirniadol ac i athroniaeth.

Ond, ac efallai yn bwysicach fyth, mae'n caniatáu i ni ddechrau meddwl unwaith yn rhagor am y cwestiwn canolog i'r papur: 'Beth yw goleuedigaeth?' Yn nhywyllwch ein cymdeithasau cyfredol, mae'r cwestiwn unwaith eto'n amserol iawn. A thrwy edrych ar y cyfnod hanesyddol a'i gymhlethdodau, a chyfraniadau dau feddyliwr mor annisgwyl at ateb y cwestiwn, efallai y darganfyddwn ffrwd o feddwl a all gynnig adnoddau gwerthfawr i ateb y cwestiwn hollbwysig hwnnw.

Nodiadau

1   Gweler drafodaeth James Schmidt, 'Introduction: What is Enlightenment? A Question, Its Context, and Some Consequences' yn *What is Enlightenment? Eighteenth-Century Answers and Twentieth-Century Questions*, gol. James Schmidt (Berkeley and Los Angeles: University of California Press, 1996), td. 1-44 (t.1).

2   Gweler, e.e., drafodaeth Dorinda Outram, *The Enlightenment*, 3ydd argraffiad (Cambridge: Cambridge University Press, 2013), t. 3.

3   Dan Edelstein, *The Enlightenment: A Genealogy* (Chicago: University of Chicago, 2010), t. 117.

4   Jürgen Habermas, 'The Entwinement of Myth and Enlightenment: Re-Reading Dialectic of Enlightenment.' *New German Critique*, cyf. Thomas Levin, (26) 1982, 13-30 (t. 13).

5   Jürgen Habermas, *The Philosophical Discourse of Modernity: Twelve Lectures*, cyf. gan Frederick Lawrence (Cornwall: Polity, 1987), t. 127. Y term am feirniadaeth sy'n tanseilio'i hun yn y fath fodd, yng ngwaith Habermas, yw 'beirniadaeth gyfanedig.'

6   Jürgen Habermas, 'Modernity: An Unfinished Project' yn *Habermas and the Unfinished Project of Modernity: Critical Essays on The Philosophical Discourse of Modernity*, gol. Maurizio D'Entréves a Seyla Benhabib (Massachusetts: MIT Press, 1996), td. 38-55 (t. 53). Goblygiad y ffaith fod Habermas yn

lleoli Foucault ymysg y 'Ceidwadwyr Ifanc' sy'n benthyg profiad esthetig
Nietzsche er mwyn ceisio ymryddhau eu hunain wrth fodernrwydd, yw
ei fod yn cyfri Foucault fel gwrth-oleuedigwr. Gwelwn gyhuddiad tebyg
yn erbyn gwaith Adorno yn Jürgen Habermas, *The Philosophical Discourse of
Modernity*, td. 106-7; t. 118.

7   Yn achos Adorno, gweler: Theodor Adorno a Max Horkheimer, *Dialectic
of Enlightenment: Philosophical Fragments*, gol. Gunzelin Noerr, cyf. Edmund
Jephcott (Stanford: Stanford University Press, 2002), t. xvi; Theodor Adorno,
Kant's Critique of Pure Reason, gol. Rolf Tiedemann, cyf. Rodney Livingstone
(Oxford: Polity Press, 2001), t. 64. Yn achos Foucault, gweler 'What is
Critique?' yn *What is Enlightenment? Eighteenth-Century Answers and Twentieth-
Century Questions*, cyf. Kevin Gaiman, gol. James Schmidt (Berkeley and Los
Angeles: University of California Press, 1996), td. 382-98 (t.398); 'The Art
of Telling the Truth' yn *Critique and Power: Recasting the Foucault/ Habermas
Debate*, gol. Michael Kelly (Massachusetts: MIT Press, 1994), td. 139-148"
(t.140 'What is Enlightenment?' yn *Ethics, Subjectivity and Truth: The Essential
Works of Michel Foucault 1954-1984*, Vol. 1, gol. Paul Rabinow (New York:
The New Press, 1997), td. 303-20 (t. 303).

8   I gynnig rhai enghreifftiau: yn achos Adorno, gweler: Theodor Adorno,
'Critique', yn *Critical Models: Interventions and Catchwords*, cyf. Henry Pickford
(New York: Columbia University Press, 1998), td. 281-8 (t.281). Yn achos
Foucault, gweler: Michel Foucault, 'What is Critique?', t. 398'

9   Theodor Adorno, *Kant's Critique of Pure Reason*, t. 59; Michel Foucault,
'What is Enlightenment?', t. 303.

10   Nodir y cytundeb hwn gan Deborah Cook, 'Adorno, Foucault and Critique',
Philosophy and Social Criticism, 39 (2013), 965-81 (t. 969).

11   Theodor Adorno, *Kant's Critique of Pure Reason*, t. 61; Michel Foucault,
'What is Enlightenment?', t. 308.

12   Deborah Cook, 'Adorno, Foucault and Critique', t. 965.

13   Amy Allen, 'Foucault and Enlightenment: A Critical Reappraisal',
Constellations (10) 2003, 180-98 (t. 183).

14   James Schmidt, 'Misunderstanding the Question: "What is Enlightenment?":
Venturi, Habermas, and Foucault', *History of European Ideas* (37) 2011, 43-52
(t. 48); cf. James Schmidt a Thomas Wartenberg, 'Foucault's Enlightenment:
Critique, Revolution, and the Fashioning of the Self' yn **Critique and
Power: Recasting the Foucault/ Habermas Debate**, gol. gan Michael Kelly
(Massachusetts: MIT Press, 1994), td. 283-314 (t. 284).

15   Michel Foucault, *Discipline and Punish: The Birth of the Prison*, cyf. Alan
Sheridan (New York: Vintage, 1995), t. 222.

16   Cynnigir drosolwg o'r rhain gan James Schmidt a Thomas Wartenberg,
'Foucault's Enlightenment', t. 283.

17   Dyma drosolwg James Schmidt a Thomas Wartenberg o ymdriniaeth
Foucault: yn 'Foucault's Enlightenment', t. 283.

18   Michel Foucault, 'What is Critique?', t. 398 passim.

19   Gwelir drosolwg bras o'r newidiadau hwyr yn James Schmidt a Thomas Wartenberg, 'Foucault's Enlightenment', t. 286-7.

20   Trafodaf hyn mewn mwy o fanylder yn Garmon Iago, 'Goleuedigaeth yng Ngweithiau Adorno a Foucault: Tuag at Ddealltwriaeth Newydd o Berthynas eu Gweithiau' (traethawd doethuriaeth heb ei gyhoeddi: Prifysgol Caerdydd, 2019), t. 27; t. 227, tn. 120.

21   Michel Foucault, 'What is Critique?', td. 383-4.

22   Michel Foucault, 'What is Critique?' t. 386.

23   Michel Foucault, 'What is Critique?', t. 398.

24   Michel Foucault, 'What is Critique?', td.388-91.

25   Michel Foucault, 'What is Critique?', t. 390.

26   Michel Foucault, 'What is Critique?', t. 391.

27   Michel Foucault, 'What is Enlightenment?', t. 303.

28   Gwelir y newidiadau hyn yn cael eu disgrifio yn Michel Foucault, *The History of Sexuality: The Use of Pleasure,* Vol. 2, cyf. Robert Hurley, (London: Penguin Books, 1992), t. 10-1.

29   Michel Foucault, 'What is Enlightenment?', t. 303.

30   Michel Foucault, 'What is Enlightenment?', t. 316.

31   Michel Foucault, 'What is Enlightenment?', t. 310-2.

32   Michel Foucault, 'On the Genealogy of Ethics: An Overview of a Work in Progress', yn *Ethics: The Essential Works of Michel Foucault 1954-1984,* Vol. 1., gol. Paul Rabinow, (New York: The New Press, 1997), td. 253-81, t. 262.

33   Thomas Wartenberg a James Schmidt, 'Foucault's Enlightenment', t. 284.

34   Michel Foucault, 'Interview with Michel Foucault', t. 241.

35   Theodor Adorno, *Kant's Critique of Pure Reason,* t. 62.

36   Theodor Adorno, *Kant's Critique of Pure Reason,* t. 67-8.

37   Theodor Adorno a Max Horkheimer, *Dialectic of Enlightenment: Philosophical Fragments*, gol. Gunzelin Noerr, cyf. Edmund Jephcott (Stanford: Stanford University Press, 2002), t. xviii, passim.

38   Theodor Adorno a Max Horkheimer, *Dialectic of Enlightenment*, t. 1

39   Dilynaf ddadansoddiad Espen Hammer, sy'n pwysleisio'r agwedd hon yn glir yn ei weithiau. Espen Hammer, *Adorno and the Political,* t. 43.

40   Gweler Brian O'Connor, *Adorno* (Oxford: Routledge, 2013), t. 72 am drosolwg o ddadansoddiadau Adorno ar uniaeth.

41   Gweler Fabian Freyenhagen, *Adorno's Practical Philosophy: Living Less Wrongly* (Cambridge: Cambridge University Press, 2013), t. 39

42   Ail-adroddir y syniad sylfaenol hwn drwy weithiau Adorno. I gynnig dim ond dau esiampl: Theodor Adorno, *Negative Dialectics*, cyf. E. B. Ashton (London: Routledge, 1973), t. 5; t. 149.

43   Gweler Theodor Adorno a Max Horkheimer, *Dialectic of Enlightenment*, t. 43.

44   Theodor Adorno a Max Horkheimer, *Dialectic of Enlightenment*, t. 6.

45   Theodor Adorno a Max Horkheimer, *Dialectic of Enlightenment,* t. 69

46 Theodor Adorno a Max Horkheimer, *Dialectic of Enlightenment*, t. 3.

47 Theodor Adorno a Max Horkheimer, *Dialectic of Enlightenment*, t. 63

48 Theodor Adorno a Max Horkheimer, *Dialectic of Enlightenment*, t. 68.

49 Dyma yw ystyr y drafodaeth gymhleth a welir yn Theodor Adorno, *Critique of Pure Reason*, t. 66-8.

50 Theodor Adorno, Critique of Pure Reason, t. 62

51 Theodor Adorno, 'Critique' (t. 281)

52 Theodor Adorno, 'Critique' (t. 282)

53 Mae'n rhaid i mi gydnabod dyled aruthrol i weithiau James Schmidt yma, yn enwedig ei drafodaeth yn James Schmidt, 'Misunderstanding the Question', t. 48.

54 Gweler, e.e., Dan Edelstein, *The Enlightenment: A Genealogy* (Chicago: University of Chicago, 2010), t. 8.

55 Dorinda Outram, *The Enlightenment*, 3ydd argraffiad (Cambridge: Cambridge University Press, 2013), t. 4.

56 Gweler James Schmidt, 'Introduction: "What is Enlightenment?"' (t.1) am drafodaeth debyg.

57 Dorinda Outram, *The Enlightenment*, t. 1

58 Trafodir hyn yn fanylach gan Dan Edelstein, *The Enlightenment*, t. 13.

59 Gwelir feirniadaeth ragorol Hamann yn Johann Georg Hamann, 'Letter to Christian Jacob Kraus (18 December 1784) yn *What is Enlightenment? Eighteenth-Century Answers and Twentieth-Century Questions*, gol. James Schmidt (Berkeley and Los Angeles: University of California Press, 1996), td. 145-53.

60 Ian Hunter, 'Multiple Enlightenments: Rival Aufklärer at the University of Halle, 1690-1730' yn *Enlightenment World*, gol. Martin Fitzpatrick et al. (New York: Routledge, 2004), td. 576-95. Dyfynnwyd yn Dan Edelstein, The Enlightenment, t. 13.

61 J. G. A. Pocock, Enlightenments of Edward Gibbon, Vol. 1, *Barbarism and Religion* (Cambridge: Cambridge University Press, 1999), td. 83-96. Wedi'i gyfeirio ato yn Dan Edelstein, *The Enlightenment*, t. 12.

62 Dan Edelstein, *The Enlightenment*, t. 94.

63 Dan Edelstein, *The Enlightenment*, t. 65.

64 Dan Edelstein, *The Enlightenment*, t. 117.

65 James Schmidt, 'Introduction', t.15.

66 James Schmidt, 'Misunderstanding the Question', t. 48.

67 James Schmidt, 'Misunderstanding the Question', t. 48.

68 James Schmidt, 'Misunderstanding the Question', t. 47.

69 James Schmidt, 'Introduction', t. 2.

70 James Schmidt, 'Misunderstanding the Question', t. 44-5.

71 James Schmidt, 'Misunderstanding the Question', t. 47.

72 James Schmidt, 'Introduction', t. 2.

73 Dyma'r agwedd a bwysleisiwyd yn nhrafodaeth Foucault o'i berthynas â gweithiau Ysgol Frankfurt yn Michel Foucault, 'What is Critique?', t. 381.

74 Manylir ar y pwyntiau hyn gan Deborah Cook, 'Adorno, Foucault and Critique', Philosophy and Social Criticism 39 (2013), 965-81 (t. 965) a Deborah Cook, *Adorno, Foucault and the Critique of the West* (London: Verso, 2018).

75 Gwelir trafodaeth lawn o'r syniadau hyn yn Garmon Iago, 'Goleuedigaeth yng Ngweithiau Adorno a Foucault: Tuag at Ddealltwriaeth Newydd o Berthynas eu Gweithiau', yn enwedig Pennod 6, td. 176-211

76 Theodor Adorno, *Minima Moralia: Reflections on a Damaged Life* (London: Verso, 2005), t. 40.

77 Michael Foucault, 'The Subject and Power' yn *Power: Essential Works of Foucault 1954-1984,* gol. James D. Faubion (London: Penguin, 2002), td. 326-48 (t. 342).

78 Michel Foucault, 'What is Enlightenment?', t. 316.

79 Michel Foucault, 'What is Enlightenment?', t. 317.

80 Theodor Adorno a Max Horkheimer, *Dialectic of Enlightenment*, t. xiv.

Hefyd yn y gyfres:

E. Gwynn Matthews (gol.)

Llenydda, Gwleidydda a Pherfformio

Astudiaethau Athronyddol #7

yLolfa

£7.99

Hefyd gan yr awdur:

E. GWYNN MATTHEWS

Genefa, Paris
a Dinbych
ac ysgrifau eraill

GOLWG AR RAI O WŶR LLÊN SIR DDINBYCH

y Lolfa

£9.99

Mavp 10·03·21

W190 · 90_

Rheswm a Rhyddid

Hefyd yn y gyfres:

Cred, Llên a Diwylliant: Cyfrol Deyrnged Dewi Z Phillips
E. Gwynn Matthews (gol.)

Cenedligrwydd, Cyfiawnder a Heddwch
E. Gwynn Matthews (gol.)

Y Drwg, y Da a'r Duwiol
E. Gwynn Matthews (gol.)

Hawliau Iaith
E. Gwynn Matthews (gol.)

Dirfodaeth, Cristnogaeth a'r Bywyd Da
E. Gwynn Matthews a D. Densil Morgan (gol.)

Argyfwng, Hunaniaeth a Chred
E. Gwynn Matthews (gol.)

Llenydda, Gwleidydda a Pherfformio
E. Gwynn Matthews (gol.)